EU FICO LOKO 3

O LIVRO SECRETO DOS BASTIDORES

EU FICO LOKO 3

O LIVRO SECRETO DOS BASTIDORES

Christian Figueiredo de Caldas

Novas Páginas

2ª Impressão — 2016

Produção editorial: Equipe Novo Conceito
Revisão de texto: Robson Falcheti Peixoto
Foto da capa: Nicolas Rodrigues
Fotos do interior do livro: Nicolas Rodrigues e acervo pessoal do autor

Dados Internacionais de Catalogação na Publicação (CIP)
(Câmara Brasileira do Livro, SP, Brasil)

Caldas, Christian Figueiredo de
Eu fico loko, 3 / Christian Figueiredo de Caldas. -- Ribeirão Preto, SP : Novo Conceito Editora, 2016.

ISBN 978-85-8163-639-9

1. Crônicas brasileiras I. Título.

16-07194 CDD-869.8

Índices para catálogo sistemático:
1. Crônicas : Literatura brasileira 869.8

Novas Páginas
Rua Dr. Hugo Fortes, 1885
Parque Industrial Lagoinha
14095-260 – Ribeirão Preto – SP
www.editoranovoconceito.com.br

E NOVAMENTE...

AQUI ESTOU EU, MEUS LOKÕES E LOKONAS DESTE BRASIL! Meu terceiro diário, minha vida dividida em três partes...

ÀS VEZES ME PERGUNTAM SOBRE O TANTO QUE TENHO PARA CONTAR E EU RESPONDO: MUITO!

NUNCA FUI DE ESCONDER MINHAS AVENTURAS DOS OUTROS, FAÇO QUESTÃO DE ABRIR TUDO O QUE PASSEI PARA, QUEM SABE, SERVIR COMO REFERÊNCIA E AJUDAR ALGUÉM QUE PODERÁ VIR A LIDAR COM ALGO SEMELHANTE.

Nossa adolescência é a fase mais repleta de acontecimentos e histórias. Se vocês estão passando por ela, saibam que tem muito para acontecer ainda. E, quando forem adultos, tenham a certeza de que, pelo menos algum dia, vocês soltarão a frase: "NA MINHA ÉPOCA" OU "QUANDO EU ERA ADOLESCENTE", OU ATÉ MESMO "BONS TEMPOS AQUELES"...

Bem, eu ainda não falei isso. *UFA!* Mas vejo meus pais, tios e outras pessoas mais velhas e próximas de mim dizendo o tempo todo. E sabe outra coisa que eles falam também?

"APROVEITA AGORA, PORQUE DEPOIS PODE SER TARDE DEMAIS!"

Por isso, todo dia, assim que acordo e me levanto, vou até o espelho, abro um sorriso e repito: "Hoje o dia vai ser *FODA!*". Eu saio do quarto com o pé direito carregando a minha positividade. Depois, sigo em frente.

Segui tanto em frente que aqui estou eu fazendo vocês lerem uma terceira introdução GIGANTESCA.

No fim, vai ter aquele tipo de conclusão: "Boa leitura, espero que gostem do livro!" Por falar nisso, se vocês leram meus outros dois livros, vão perceber que eu amadureci bastante. A boa notícia é que escrevi todas essas crônicas pensando mais em vocês do que em mim!

ESTE LIVRO VAI DEIXAR DE LADO A MINHA ADOLESCÊNCIA E ENTRAR UM POUCO NA VIDA DO CHRISTIAN FIGUEIREDO QUE SAIU DA CASA DA MÃE COM UM OBJETIVO (MAS SEM DINHEIRO NO BOLSO) e que assumiu o aluguel de um apartamento, parcelou todos os móveis da casa e falou: "Vai dar certo, o sonho vai virar realidade!". Vou comentar como curto as minhas coisas hoje em dia, falar um pouco da minha trajetória com vocês, minhas viagens, os bastidores dos shows, enfim, um apanhado de tudo depois que me tornei um influenciador do YouTube.

Bom, agora posso dizer pra vocês: espero que gostem do meu terceiro diário, e nos vemos nos próximos capítulos! Peguem a xícara de café, o lanche, a pipoca com manteiga de cinema, o refrigerante, sei lá... e bora devorar este livro!

IMAGINE
KINGS

COM A PALAVRA, MINHA IRMÃ

NO DIA EM QUE O CHRIS NASCEU, A ANSIEDADE TOMAVA CONTA DE MIM, SÓ QUERIA CONHECÊ--LO. EU TINHA 7 ANOS E ESCOLHI SOZINHA A ROUPA PARA VISITÁ-LO NA MATERNIDADE. LEMBRO ATÉ HOJE QUE FIQUEI UM TEMPÃO PROCURANDO A MELHOR COMBINAÇÃO E POR FIM VESTI UMA CALÇA AMARELA DE VELUDO E UM CASACO ESTAMPADO TAMBÉM AMARELO!

Enquanto ia para a maternidade, pensava no orgulho que minha mãe sentiria ao ver que escolhi uma roupa tão linda, uma peça estampada e outra lisa, como ela sempre me ensinou. *EU ME IMAGINAVA ENTRANDO NA MATERNIDADE E PROCURANDO O CHRISTIAN* (naquele momento era só Christian, ainda não tinha apelido!) em meio a muitos outros bebês, igual eu via nos filmes da *Sessão da Tarde.*

ESSA EUFORIA DUROU POUCO. Assim que cheguei com minha vó Tatiana na porta da maternidade, o segurança me barrou, disse que criança não podia entrar, pois poderia trazer doenças para os recém-nascidos. Caramba! Eu lá toda linda, de franja, cabelo penteado, sem os dois dentes da frente, com minha calça amarela de veludo e já excluída logo na entrada.

Fazer o quê, né? Foi assim que começou a nova fase da minha vida. **Uhuuuuuu!**

Vocês acham que o que tenho para contar acabou aí? Não, não... está apenas começando. Dois dias depois, quando minha mãe voltaria da maternidade para casa, peguei catapora. Não poderia ficar perto do bebê por uns dias. *DE NOVO!*

Acho que meus pais perceberam que esse início não estava sendo fácil para mim e me deram um diário. **NAS PRIMEIRAS PÁGINAS DESSE DIÁRIO (QUE GUARDO ATÉ HOJE) TEM UM GRÁFICO (SIM, UM GRÁFICO!) CUJO TÍTULO É: "DE QUEM A MÃE GOSTA MAIS?" LOGO ABAIXO ESTÁ ESCRITO "NÁ" E "CHRIS".** Obviamente, sobre o nome do Chris a linha do gráfico dispara, enquanto a minha quase desaparece. O diário todo é praticamente lotado de desenhos e palavras mal escritas que expressam a minha total insatisfação em não ser mais o centro das atenções. Estava morrendo de ciúmes dele! Acho que todo irmão mais velho sente isso. Pelo menos eu prefiro pensar assim, para não me sentir culpada por ter feito o Chris de escravo durante os primeiros cinco anos da vida dele.

TADINHO! CHRIS FOI O IRMÃO DOS SONHOS DE QUALQUER UM. PERFEITO, SEMPRE AJUDOU EM CASA, ESTAVA SEMPRE ALEGRE, TOPAVA TUDO E ERA MUITO CALMO. UMA ÓTIMA COMPANHIA!

Ainda bem que a vida de escravo acabou cedo para ele. Minha mãe colocou um basta nisso no dia em que ele foi me levar macarrão no quarto (sim, ele era meu garçom preferido!), tropeçou e caiu na escada. O macarrão, o molho de tomate, os cacos do prato, os talheres, tudo espalhado pela escada e eu, em vez de ajudar, ainda fiquei brava. Agradeçam a Deus por não terem uma irmã como eu!

Aos poucos fui cedendo aos encantos do Chris e o ciúme foi diminuindo, à medida que ficava mais velha.

Chris não deve se lembrar, mas, quando ele era bem pequeno, tipo uns 2 ou 3 anos de idade, a gente encenava peças de teatro que *eu* montava, com figurinos e roteiros *meus*. Ele dançava comigo as músicas de que *eu* gostava. *Eu* me vestia de mamãe e *eu* o vestia de papai para brincarmos no quintal. Enfim, *eu* comandava tudo e ele topava tudo.

Quando fiz 15 anos, dei uma sumida de casa. Meu lance era dormir na casa das minhas amigas e ir para a balada. Chris assumiu meu posto em tudo nessa época, inclusive almoçar e ir ao cinema com minha avó Tatiana às quartas-feiras, e às sextas e sábados jantar e assistir filme com a nossa mãe. Isso durou até os 18 anos dele (ou

mais!). Para vocês terem uma ideia de como ele é caseiro.

A programação lá em casa sempre girou em torno de comidas e filmes. O Chris é muito sistemático nessa coisa de assistir a um filme, chega a rolar um ritual. Antes de a sessão começar, a pipoca tem que estar no pote em cima do sofá, o copo de todos tem que estar cheio de refrigerante e o filme já tem que estar na primeira cena para só precisar mesmo apertar o *play* e não levantar mais. Tudo sempre perfeito!

O CAFÉ DA MANHÃ TAMBÉM ERA ALGO MUITO SISTEMÁTICO. Como ele nunca gostou de acordar cedo, quando tinha que ir à escola de ônibus, já deixava a roupa separada, o pó do café na cafeteira e a mesa posta. Quando acordava e se levantava, ele não precisava pensar em nada, era só vestir a roupa, ligar a cafeteira, esquentar o pão e, na hora de sair, a chave obviamente já estava no trinco. Tudo perfeitamente calculado para não ter imprevistos indesejados no meio do percurso.

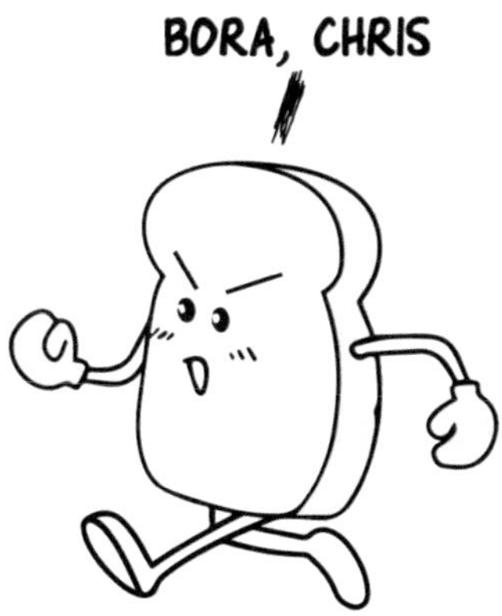

Nossa, olha o quanto estou escrevendo! Parece até que estou tentando encher linguiça. Vocês conhecem essa expressão? Espero que sim, senão vou me sentir muito velha. Parece que escrevi uma vida aqui. Valeu por anos de terapia esta introdução. Obrigada, Chris! Rs. Curou toda uma memória de criança rejeitada e ainda sobrou espaço em branco para completar.

AGORA ACHO MELHOR DAR AQUELA FINALIZADA SENTIMENTAL QUE MINHA MÃE DEU NO PRIMEIRO LIVRO E MEU PAI NO SEGUNDO...

Quisinho, vou me declarar aqui neste livro, pois assim fica gravado para o Brasil todo o meu amor por você. Sinto que, independentemente da distância física entre nós ou do tempo que ficamos sem nos ver, sempre nos encontramos no mesmo ponto. Ponto onde só reina o amor. *ACHO QUE "CASA" É ISSO, NÃO UM LUGAR FÍSICO, MAS UMA RELAÇÃO DE AMOR INCONDICIONAL QUE SE ESTABELECE ENTRE DOIS SERES OU MAIS. ISSO É VOLTAR PARA CASA!* Amar e perdoar quando é preciso, disso nós entendemos bem. Não moramos mais juntos na mesma casa, mas temos esse espaço de amor onde vive nossa relação.

Te amo pacas! Que nossa parceria só se fortaleça, que nosso senso de humor (*QUE É O MESMO*) só aumente e que a sua luz brilhe cada vez mais e atinja mais e mais corações.

Com amor da sua irmã favorita,
Ná.

ORIGINAL MUSIC ADDICT
EST.
Cavalera
1995
REGISTERED TRADEMARK

1

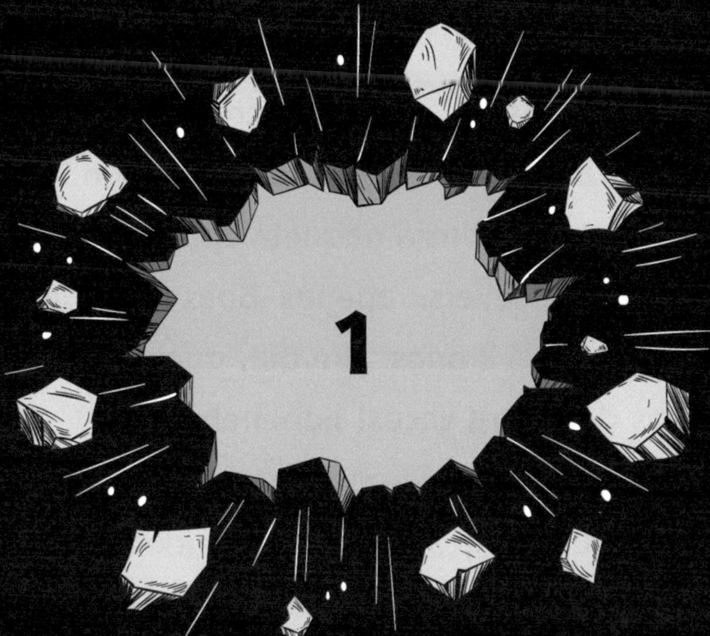

EU SEMPRE FALEI MUITO PRA VOCÊS DOS MEUS SONHOS E DAS MINHAS CONQUISTAS, MAS ACHO QUE NUNCA EXPUS INTEIRAMENTE OS MEUS MEDOS, PREOCUPAÇÕES E BATALHAS INTERNAS, NÉ? E TUDO ISSO VEIO MISTURADO QUANDO EU ASSINEI O CONTRATO DO MEU PRIMEIRO LIVRO.

LEMBRO COMO SE FOSSE ONTEM QUE EU FICAVA ESCREVENDO, NOS CADERNOS PAUTADOS QUE MINHA MÃE COMPRAVA PARA MIM, HISTÓRIAS E MAIS HISTÓRIAS. EU AMAVA EXPRESSAR MEUS SENTIMENTOS E PENSAMENTOS NO PAPEL.

Com 12 anos de idade eu já escrevia meus "livros" (vou colocar entre aspas, porque lendo hoje as coisas que eu produzia naquela época, não as consideraria best-sellers, apenas boas histórias para um menino de 12 anos. Um dia, quem sabe, libero algumas delas pra vocês! hehehehe).

Como eu ia dizendo, eu escrevia "livros" gigantescos de duzentas, trezentas páginas (dependendo do tamanho do caderno), com ilustrações feitas por mim mesmo, capa, contracapa, tudo à mão. O melhor eram as censuras que eu colocava: *"RECOMENDADO PARA MAIORES DE 14 ANOS", SENDO QUE EU TINHA 12! EU ADORAVA ME SENTIR ADULTO, SEGURO DE MIM, DONO DO PRÓPRIO UMBIGO, ESCRITOR FAMOSO DE GRANDES OBRAS JUVENIS (EU ME VIA ASSIM A CADA LIVRINHO QUE EU ESCREVIA COM 12 ANOS).*

De repente, minha vida caminhou para o mundo digital de tal forma que me distanciei da literatura. Aqueles cadernos ficaram para trás, mas a vontade continuou guardada em algum lugarzinho aqui dentro. Quando nasceu o canal **EU FICO LOKO**, não parei mais de produzir meus vídeos. Porém, a vida é *louca* mesmo, né? Principalmente a minha, diga-se de passagem. Do virtual, voltei para o mundo físico!

Mas como assim?!

Depois de muito tempo, decidi colocar novamente nos papéis um pouco da minha história recente. Lembro que surgiu a oportunidade de um grande amigo levar essa minha obra literária para uma editora e ver se eles gostariam de lançá-la. Certo dia, esse meu amigo me ligou e, para minha surpresa, disse:

— Chris, vamos lá, marquei a reunião pra amanhã.

Ele foi um grande incentivador, pois eu tinha comentado com ele que queria voltar a escrever e lançar um livro baseado na minha adolescência. Contudo, eu tinha apenas umas dez páginas escritas e um sonho na cabeça: lançar um livro? Que editora vai se arriscar a lançar um livro de um moleque da internet? (Foi o que eu pensei na época.)

Não existiam projetos semelhantes sendo lançados, e acho que isso me levou a um pensamento um pouco negativo (e olha que eu praticamente só tenho pensamentos positivos, é raro estar pessimista com algo).

Fomos à reunião, que aconteceu em um restaurante, na hora do almoço. Expliquei o projeto e, por incrível que pareça, ouvi a seguinte frase ao final da reunião:

— Queremos lançar seu livro! Quando você consegue entregá-lo pronto?

POR DENTRO EU ESTAVA PULANDO DE ALEGRIA, SOLTANDO FOGOS DE ARTIFÍCIO E ABRINDO UM CHAMPANHE BEM CARO, MAS POR FORA FIQUEI CONTIDO E FALEI:

— Será um prazer, em breve consigo dar um prazo.

Parei, pensei e falei para mim mesmo: "Será um prazer"? Que ridículo!!! E depois ainda soltei um "em breve consigo dar um prazo"?!

MEU DEUS, eu parecia um velho falando numa reunião de negócios!

Quando que eu iria imaginar que gostariam tanto de um projeto sobre adolescência? Tantas histórias para serem contadas, tantas que já foram contadas, e logo a minha foi escolhida ali, naquela reunião, na companhia de um delicioso peixe amanteigado com alcaparras e um arroz grudadinho que não lembro se era risoto ou se o chef passou o arroz do ponto e grudou tudo... (é, sou assim mesmo: quando vou a um restaurante gostoso e tenho uma boa notícia, nunca mais esqueço o prato que comi lá. Lembro até hoje quando meu pai e minha mãe me levaram para almoçar num restaurante chinês e me deram o PlayStation 1 de presente de aniversário. **OLHA, NÃO ME LEMBRO MAIS QUE JOGOS EU JOGAVA NESSE VIDEOGAME QUE HOJE EM DIA MAIS PARECE PEÇA DE MUSEU, PORÉMMMM...** lembro muito bem do guioza de carne que comi. Era uma mistura deliciosa de carne com cebolinha, gengibre e alho... e, para completar, molhava o guioza no shoyu e mandava ver em cada mordida. Meu Deus, estou com uma certa fome aqui! Vou ali comer e já volto.)

OK, VOLTEI... BEM, ONDE ESTÁVAMOS? AH! LEMBREI! GUIOZA E SHOYU... E TAM-

BÉM UM PLAYSTATION E... AH! O SONHO DE LANÇAR UM LIVRO!

Voltei para casa. Durante o trajeto, minha incerteza era tanta, mas tanta, que várias vezes eu pensei: "melhor eu não lançar, quem vai comprar algo que eu escrevi?".

ATÉ O PRIMEIRO LIVRO IR PARA AS PRATELEIRAS DAS LIVRARIAS, EU ERA O CARA MAIS INSEGURO DO MUNDO! NINGUÉM NUNCA CHEGOU ATÉ MIM E FALOU: "AMO LER, LANÇA UM LIVRO!" Eu estava indo para o caminho oposto da maior parte dos jovens. Todos querendo mergulhar no mundo digital e eu querendo lançar um livro de papel, nem e-book era. Onde eu estava com a cabeça?!

Mas antes disso, alguns dias antes de lançar o livro, fui visitar a gráfica. Vi as páginas sendo impressas, vi as pessoas embalando e deixando o livro prontinho, **E ME BATEU UM SENTIMENTO QUE NÃO SEI EXPLICAR ATÉ HOJE.** Se vocês conseguirem pegar o celular agora e colocarem a seguinte música enquanto terminam este capítulo, vão entender um pouco do que vivenciei naquele momento da minha primeira conquista fora do YouTube. Depois de ter um canal de sucesso, estava nascendo o livro que ficou na lista dos mais vendidos do Brasil durante um ano.

Coloquem aí: "Oração ao tempo – Caetano Veloso".

Colocaram? Bem, agora sintam comigo o que eu senti naquele dia, vendo milhares de exemplares do *Eu Fico Loko* sendo impressos.

Lembrei naquele instante da minha mãe colocando essa música do Caetano Veloso pra mim quando eu tinha mais ou menos 12 anos e falando:

— Chris, essa música é linda, né?

— É linda mesmo, mãe...

— Tempo, tempo, tempo, tempo... vou te fazer um pedido... QUERO VER MEU FILHO REALIZANDO TODOS OS SONHOS DELE...

Foi então que, com aquele monte de livro impresso do meu lado, voltei alguns anos no passado e lembrei dessa frase, o apoio constante da minha mãe nas minhas loucuras. Que, em vez de falar "vai estudar!" ou qualquer outra coisa que uma mãe comenta quando acha que o filho está viajando na maionese, ela simplesmente ia lá, comprava vários cadernos e me dava para escrever, incentivando minha criatividade e meus sonhos. Por isso dedico cada livro aos meus pais, que sempre me apoiaram em tudo, e a todos os pais que incentivam seus filhos seja no que for, pois esse incentivo, às vezes tão pequeno, vai servir para o sucesso deles no futuro.

Tempo, tempo, tempo, tempo... vou te fazer um pedido... desejo uma vida perfeita a todos meus lokões e lokonas deste Brasil!

E antes que eu chore aqui, vamos pular para a próxima página, ok?

CHRISTIAN FIGUEIREDO DE CALDAS
EU FICO

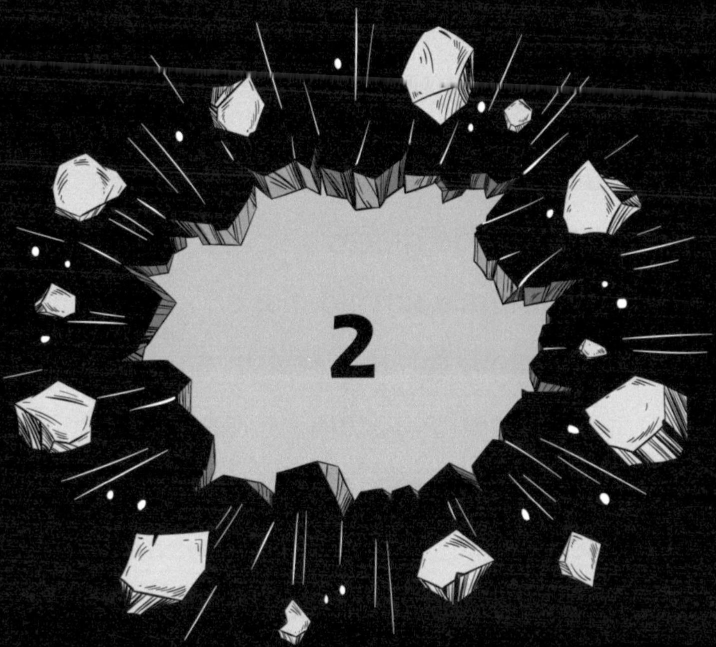

2

CERTA VEZ EU ESCUTEI DE UMA PESSOA BASTANTE CONHECIDA: "CADA CELEBRIDADE TEM OS FÃS QUE MERECE!"

EU NÃO SEI QUAL É O REAL SENTIDO DESSA FRASE PARA AQUELA PESSOA, TAMPOUCO SE ELA FALAVA COM ALGUMA IRONIA OU RESSENTIMENTO PORQUE, SE CADA CELEBRIDADE TEM OS FÃS QUE MERECE, POSSO DIZER QUE SOU UM FELIZARDO POR TER VOCÊS ME ACOMPANHANDO A TODO LUGAR AONDE EU VOU.

Sinceramente, vocês representam a melhor parte de todo o meu trabalho. E, se hoje sou considerado uma "**CELEBRIDADE**", é tudo graças a vocês!

Quando assistem a um vídeo meu no YouTube, compram um livro meu, ou uma revista em que estampo a capa, ou simplesmente trocam de canal para me ver em um programa de televisão, essa é a melhor recompensa que eu poderia ganhar em toda a minha vida: o carinho e a atenção dos fãs, mesmo que distante.

E TEM AQUELES QUE ME SEGUEM AONDE EU VOU. SEJA NUMA TARDE DE AUTÓGRAFOS, NO AEROPORTO, NO TEATRO OU MESMO QUANDO VOU AO CINEMA OU PASSEIO NO SHOPPING. Vocês pensam que me admiram, mas... sou eu que admiro vocês meus fãs! Porque não deve ser fácil me acompanhar, sei disso. Tem que pedir ajuda ao pai, à mãe, faltar em um compromisso, precisa de dinheiro para se deslocar etc.

É CLARO QUE EXISTEM VÁRIOS TIPOS DE FÃS, MAS EU DESTACO ENTRE ELES OS ACANHADOS, OS EXALTADOS, OS PRESENTEADORES, OS PERSISTENTES E ATÉ MESMO OS... "INSANOS" (TEM QUE TER, NÉ? RS). Não importa o tamanho do carinho que os fãs sentem por mim, cada um demonstra de maneira diferente o que o Christian Figueiredo significa na vida dele.

QUANDO VIAJO, ESBARRO COM FÃS QUE ESTÃO SOZINHOS, EM GRUPOS DE AMIGOS, COM OS PAIS, COM O CACHORRO, GATO, PAPAGAIO... Bem, este último eu nunca vi, mas já encontrei com uma garota que andava com o hamster dela dentro do bolso. Que irado! Só não sei o que ela faria se encontrasse com um fã que anda com uma cobra no pescoço. Aí, ia dar confusão na certa! *AHAHAHAHAHAHA*.

Voltando para os tipos de fãs, uma coisa que me chama bastante atenção é que muitos deles estão crescendo comigo. Enquanto um monte de baixinhos (baixinho já foi uma palavra muito utilizada no Brasil, viu, gente? Procura aí no Google) começa a me seguir no YouTube, Facebook, Twitter, Instagram e sei lá quantas redes sociais vão aparecer daqui para a frente, eu reparo que tem uma galera que me acompanha há anos e que eu vejo amadurecer de forma bem bacana, ou porque são rostos que reconheço (pessoal, imagine a quantidade de gente com que eu esbarro... não dá pra lembrar de todo mundo, mas tem aquelas figurinhas que são inesquecíveis, sabe?), ou porque eu já tive uma experiência legal em algum dos nossos encontros por aí.

TAMBÉM JÁ RECEBI CANTADA, PEDIDO DE CASAMENTO, PESSOAS QUERENDO ME "ADOTAR", DESAFIO DE MANO E ATÉ PROPOSTA INDECENTE...

Não estão acreditando?!

Então vou contar alguns casos curiosos que aconteceram durante a minha caminhada de influenciador-digital-ator-escritor-pensador-lokão por aí. Só vou evitar falar os nomes, ok?

CERTA VEZ EU ESTAVA AUTOGRAFANDO EM UMA LIVRARIA. EU VIA AQUELE MONTE DE GENTE NA FILA CANTANDO, VIBRANDO, CHORANDO, QUANDO CHEGOU A VEZ DE UMA GAROTA. ATÉ AÍ, ACHEI QUE ERA UMA FÃ NORMAL E QUE EU IRIA AUTOGRAFAR MAIS UM LIVRO.

Só uma explicação aqui: Nas tardes de autógrafos, a gente precisa ser muito rápido, porque o tempo é contado e o número de senhas é limitado! Então, enquanto eu estou na mesa conversando com um fã, assim que este sai, já recebo o próximo livro (ou dois, se for o caso), entregue por uma pessoa da organização. O livro já chega aberto para mim na página do autógrafo, e depois o fã me abraça, me beija e conversa comigo. Eu gostaria de atender todo mundo com mais tempo, pessoal, mas é impossível devido à quantidade de gente. Mas saibam que eu amo cada segundinho ao lado de vocês!

Bem, voltando à garota... quando eu recebi o livro dela, reparei que ele já tava meio detonado, as páginas um pouco amassadas, amarelado, bem usado, sabe? Na hora eu pensei: "**QUANTAS VEZES SERÁ QUE ELA LEU ESTE LIVRO?**" Mas não era nada disso...

Percebi que tinha um autógrafo meu em várias páginas! Eu já tinha autografado aquele exemplar pelo menos umas dez ou doze vezes, sei lá. E não devia ter percebido, porque as páginas dos autógrafos eram afastadas umas das outras.

Não é sempre que o fã pede para autografar na primeira página. Alguns solicitam na capa, outros em uma crônica de que gostou mais, outros em uma foto específica...

Bem, eu estava realmente curioso com aquilo e, depois do costumeiro abraço-beijo-foto, eu disse para ela:

— Nossa, você gosta mesmo do meu livro...

Ela riu e falou:

— Christian, eu ganhei este livro de uma pessoa muito especial e ando com ele pra todo lugar que eu vou. Na escola, deixo ele na mochila. Se vou sair e estou com uma bolsa, uso uma de um tamanho razoável para que ele caiba. Se estou sem bolsa, peço que alguém o carregue pra mim. As pessoas me zoam por causa disso, mas não estou nem aí. E eu tenho uma superstição...

Eu ainda tava processando tudo o que ela falava, era inacreditável, quando ela soltou:

— EU TENHO CERTEZA DE QUE, NO DIA EM QUE EU COMPLETAR TODAS AS PÁGINAS COM UM AUTÓGRAFO SEU, ALGO MARAVILHOSO VAI ACONTECER NA MINHA VIDA. ALGO INESQUECÍVEL!

Fiquei comovido com aquilo! Era óbvio que não tinha tempo para autografar todas as páginas, se fizesse isso, prejudicaria um monte de gente que estava na fila, e nem adiantava pedir pro pessoal da organização guardar para mais tarde, porque eu sempre tenho que sair correndo. Mas algo ainda não batia.

— EU ENTENDI, MAS ESTA É APENAS A SEGUNDA VEZ QUE FAÇO AUTÓGRAFOS NESTA CIDADE... COMO É QUE EU AUTOGRAFEI O SEU LIVRO VÁRIAS

VEZES E NÃO LEMBRO?! EU JÁ TERIA ME RECORDADO DE VOCÊ...

Aí ela contou a verdade:

— SABE O QUE É, CHRIS? EU VEJO QUEM ESTÁ COM APENAS UM LIVRO NA FILA E ENTREGO O MEU. PEÇO PARA ELAS TRAZEREM ATÉ AQUI. SÓ TE ENCONTREI UMA VEZ NA SUA OUTRA VINDA POR CAUSA DA SENHA, MAS CONSEGUI REPETIR ISSO UMAS DEZ VEZES NA FILA!

Eu tive uma vontade muito grande de rir, mas, depois de escutar aquilo, abracei com bastante força aquela garota. Deve ter sido um dos abraços mais apertados que já dei na minha vida em um fã! Porque, diante da explicação, eu finalmente compreendi o que aquele livro significava para ela: era como um amuleto da sorte.

Eu não sei se reencontrarei essa fã por aí, mas espero que seja fora de algum evento, para eu ter bastante tempo de autografar aquelas páginas. E para que ela ganhe o presente maravilhoso que a espera.

POR FALAR EM CORRERIA, ME LEMBREI DE UM EPISÓDIO EM OUTRA CIDADE. MUITAS PESSOAS QUE ESTIVERAM COMIGO VÃO SE RECORDAR.

Já era de noite e havíamos acabado uma tarde de autógrafos. Sempre que termina, vou para uma salinha reservada tomar uma aguinha e respirar um pouco enquanto aguardo o táxi que vai me levar embora do local. Ou seja, saio de cena. Enquanto isso, atendo o pessoal que me ajuda no evento. Normalmente são livreiros, seguranças e muitos outros que nos auxiliam na organização de filas, atendimento etc. ***Um pessoal maravilhoso, que me dá toda a atenção desde que chego até o minuto em que vou embora.***

Eu estava na salinha quando recebi o aviso de que o táxi já tinha chegado.

Todos a postos para a saída do Christian!!!

É normal sair cercado de seguranças, especialmente em shoppings, porque a galera fica me esperando na porta mesmo depois que o evento termina. Só que, naquela ocasião, tinha MUITA gente me esperando. Muita gente MESMO!

Antes de deixar a sala, uma pessoa da livraria chegou até mim e falou:

— CHRISTIAN, EU SEI QUE A SESSÃO DE AUTÓGRAFOS JÁ TERMINOU, MAS TEM UM FÃ LÁ FORA QUE VOCÊ PRECISA MUITO ATENDER...

Eu não sabia quem era, mas é claro que não faria nenhum mal conversar com ele. Perguntei ao pessoal da organização se o táxi podia esperar mais um pouquinho. Quando deram o ok, eu disse:

— Tudo bem, pede para entrar.

Lembro que eu me levantei da cadeira para receber a pessoa. Afinal, quem me acompanha sabe que eu nunca autografo sentado.

Quando a porta se abriu, eu esperava encontrar qualquer coisa, menos...

— UM PALHAÇO?! QUE LOKO!! — exclamei, surpreso.

Era um rapaz, com mais ou menos a minha idade, fantasiado de palhaço da cabeça aos pés! Mas não era um palhaço feito o **CORINGA DO BATMAN OU O KRUSTY**

DOS SIMPSONS, NEM NADA DE COSPLAY. Era um daqueles tradicionais, rosto pintado, nariz de bolinha vermelha e roupa engraçada!

— E aí, mano, beleza? — eu falei no meu cumprimento habitual.

— Christian, quero te pedir um milhão de desculpas! — ele disse, arfando.

Aquela roupa devia dar um calor danado nele.

— Por quê? Você tava trabalhando aqui no shopping?

— QUE NADA! EU FAÇO PARTE DE UM CIRCO QUE VIAJA POR VÁRIAS CIDADES E A APRESENTAÇÃO ACABOU HÁ POUCO. Eu sabia que você estaria aqui hoje e tive que sair correndo. Não deu nem tempo de trocar de roupa. Se eu não viesse, sabe lá quando teria esta oportunidade de novo. Sou seu fã!

Ele começou a chorar e borrar toda a maquiagem. Um palhaço chorando, vejam só! Mas era de alegria... e eu quase chorei também, mas de emoção!

— AH, CARA, SOSSEGA! AINDA BEM QUE VOCÊ CHEGOU A TEMPO! APROVEITA E TOMA UMA ÁGUA. DÁ AQUI SEU LIVRO E VAMOS TIRAR UMA SELFIE.

Ele me disse uma dezena de obrigados. E, com esse autógrafo, terminei mais uma noite inesquecível.

Mas nem sempre os meus encontros com os fãs são tão tranquilos.

Antes de começar a contar essa história, quero dizer a vocês que fui um adolescente como outro qualquer, com problemas de relacionamento, inseguranças, adversidades, medos, superações... e também com muitos momentos felizes e engraçados, é claro. Não por acaso, os subtítulos dos meus primeiros livros foram "As desaventuras de um adolescente nada convencional" e "As histórias que tive medo de contar". Sei que vocês já acompanharam um pouquinho da minha trajetória neles, mas nunca é tarde para lembrar: POR DENTRO, SOU IGUAL A CADA UM DE VOCÊS!

Muitos adolescentes comparecem aos meus eventos de livros, e nem todos eles estão acompanhados dos pais ou responsáveis durante o tempo em que ficam na fila. Mas não é tão incomum encontrar um fã na companhia da mãe, do pai, da tia, da prima, do irmão mais velho etc.

PORÉM, AS MÃES SÃO, DE LONGE, AS QUE MAIS ESTÃO PRESENTES. E ELAS SÃO TÃO DIVERTIDAS QUANTO OS FILHOS! Tem cada figura que eu conheço que é quase como se eu fosse da família! E eu só descobri de verdade o quanto influencio na vida delas quando passei por esta história...

Eu estava em uma tarde muito feliz com meus fãs. Havia uma garota com a mãe dela na fila de autógrafos. Reparei que a menina estava muito magra e pálida, com olheiras profundas, sei lá, não devia estar passando muito bem. Sempre fico preocupado com a integridade física dos meus fãs, porque eles ficam horas em uma fila, às vezes está muito calor etc. ***JÁ TEVE GENTE DESMAIANDO EM MEUS BRAÇOS, INCLUSIVE.***

Pois bem, logo que chegou a vez delas, percebi que a garota ficou parada na fila enquanto a mãe se aproximava. Eu não compreendi direito, porque as duas estavam com o rosto muito sério, na certa havia acontecido alguma coisa.

Quando a mãe chegou até onde eu estava, disse baixinho:

— CHRISTIAN, EU PEDI PARA MINHA FILHA ESPERAR UM POUCO, PORQUE PRECISO TE CONTAR UMA COISA...

— Pode falar...

— Então... nós moramos em uma cidade vizinha, a 100 km de distância. Minha filha está passando por uma fase muito difícil, de transformações. Ela sempre diz que é a sua fã número1. Desde que você liberou sua agenda de autógrafos e ela viu que você viria para esta cidade, tem passado mal...

— PASSADO MAL? COMO ASSIM?!

— Nós avisamos que não poderíamos trazê-la, porque eu e meu marido trabalhamos muito. Desde que dissemos isso para ela, ela quase não come. E, quando se alimenta, coloca tudo pra fora. São duas semanas nesse estado. Ela já perdeu uns quatro quilos.

Naquele momento eu travei. Foi quando eu reparei que não só a garota, mas a mãe também tinha uma expressão cansada. Aquela família devia estar sofrendo muito.

— **ESTOU MUITO PREOCUPADA, CHRIS.** Precisei faltar ao trabalho e viajar para estar aqui com ela.

Nós te adoramos, e nunca achei que ela ficaria com o lado emocional tão abalado. Eu pensei que você poderia aconselhá-la, CONVERSAR COM ELA SOBRE ISSO...

Eu me senti BASTANTE inseguro. Sei que muitos fãs ficam ansiosos com minha chegada, mas passar mal durante duas semanas? E a mãe pedia meus conselhos? Nunca havia passado por coisa parecida, e nem sei se me sentia apto para tratar o assunto. Mas eu precisava ajudar de alguma forma. Por isso, arrisquei:

— Tudo bem, vou tentar.

A mãe fez sinal para que a filha viesse. Logo que a garota chegou, eu segurei firme as mãos dela e me afastei de todos. Ela começou a chorar, emocionada. Naquele momento, eu percebi que ela tinha consciência do problema pelo qual passava. Então eu conversei com ela. Não vou expor aqui as palavras que utilizei, mas tudo o que disse puxei lá do fundinho do meu coração, que, NAQUELE PRECIOSO INSTANTE, ESTAVA MINÚSCULO.

Durante alguns minutos, foram tantas mensagens que trocamos

um com o outro que acredito que tenha ajudado da melhor forma que eu conseguiria. Aos poucos ela se acalmou e me prometeu que não faria mais aquilo pelo bem dela e da sua família. **PUDE VER A CARA DE ALÍVIO DA MÃE, QUANDO A MENINA ENXUGOU AS LÁGRIMAS, ME ABRAÇOU E DEU UM SORRISO. O SORRISO MAIS DIFÍCIL DAQUELE DIA.**

Entendo a ansiedade de vocês, porque eu também sou muito ansioso. Quando encontro um ídolo meu, nossa, é quase um sonho se realizando! Tenho muitos ídolos na música, no cinema, na televisão... como eu disse antes, todo mundo é igual por dentro. E é preciso se controlar para aproveitar o momento em que estiver com seu ídolo. Senão, como vai se lembrar depois?

EU SEI QUE, DEPOIS DE LER ESSAS HISTÓRIAS, VOCÊS GOSTARIAM QUE EU ME TELETRANSPORTASSE PARA UM EVENTO NA SUA CIDADE AGORA MESMO. Infelizmente não consigo ir a todos os lugares que gostaria! E sei também que, para vocês, às vezes é muito difícil ir onde estou. Mas nessas horas a gente precisa acreditar no coração, pois um dia vai dar certo. Se não foi agora, tenham certeza de que um dia vocês me encontrarão, e quem sabe o desejo se realize. Assim como é meu desejo conhecer todos vocês. Afinal...

EU AMO VOCÊS, MEUS FÃS LOKÕES!!!

3

JÁ FORAM A ALGUMA BIENAL DO LIVRO? POIS BEM, UMA HISTÓRIA QUE NUNCA CONTEI PRA VOCÊS FOI A QUE OCORREU NO EVENTO DO RIO DE JANEIRO, EM 2015. EU ESTAVA LANÇANDO MEU SEGUNDO LIVRO, *EU FICO LOKO 2*, E A EXPECTATIVA ERA QUE HOUVESSE MUITOS FÃS, MAS ACHO QUE NINGUÉM IMAGINAVA QUANTOS.

QUEM ESTAVA LÁ DEVE TER VISTO QUE SAÍ DO PALCO PASSANDO MAL E VOLTEI MEIA HORA DEPOIS, NO ENTANTO,

NINGUÉM NUNCA SOUBE O VERDADEIRO MOTIVO DO MEU MAL-ESTAR E O QUE REALMENTE ACONTECEU NAQUELE DIA. E JÁ QUE ESTE LIVRO TÁ AQUI PARA MOSTRAR O "BEHIND THE SCENES" DA MINHA VIDA DEPOIS DO YOUTUBE ("BEHIND THE SCENES", FRASE CHIQUE, NÉ? VAMOS DEIXAR ABRASILEIRADO MESMO, VAI, "POR TRÁS DAS CÂMERAS"), VOU REVELAR A VOCÊS.

Eu estava uma mistura de ansiedade, fome, felicidade, emoção... tudo! *IMAGINAM? LANÇAR UM LIVRO EM UMA BIENAL?*

Acordei com uma inquietação que não cabia em mim. Parecia aqueles dias de trabalho escolar em que precisamos apresentar para a classe toda e para o professor, que fica te encarando com aquela cara de paisagem enquanto você fala, com todo o jeito de que está odiando sua apresentação ou percebendo que tudo o que você está falando ali foi achado na Wikipédia e você simplesmente deu **CTRL+C E CTRL+V**.

Nunca fui o tipo de adolescente que *ama* falar em público, ser o centro das atenções ou qualquer coisa parecida. Sempre fui muito na minha, meu negócio era ligar a câmera e conversar com ela. E, quando havia pessoas desconhecidas na minha frente, eu sempre travava.

O tempo passou e eu fui aprendendo a me comunicar com a galera. Porém, naquele dia, o negócio era diferente! Era a Bienal do Livro, o evento mais importante sobre literatura, eu estava lançando um livro, no palco principal para uma plateia de mais de cinco mil pessoas... **MEU DEUS!** Eu estava pirando!

Cheguei ao evento já de estômago embrulhado e, quando vi aquele mar de gente, não aguentei... comecei a suar frio e precisei descer do palco, sendo prontamente atendido pelos bombeiros (meu agradecimento eterno aos profissionais que estavam ali! Entendam que os bombeiros

não estão presentes apenas para apagar incêndios, que é o que a maioria pensa. Eles também ajudam, e muito, a socorrer pessoas que estão se sentindo mal ou se acidentam).

LEMBRO QUE TODOS SE PREOCUPARAM COMIGO. ROLOU UM SILÊNCIO COLETIVO DE CINCO MIL PESSOAS QUE ESTAVAM OLHANDO TODA AQUELA MINHA ENERGIA POSITIVA E QUE NUNCA PODERIAM IMAGINAR QUE, DO NADA, EU FECHARIA A CARA E DESCERIA CORRENDO DO PALCO.

Uma coisa que, tenho certeza, nunca contei: minha pressão é baixa e, se não me alimentar direito, corro o risco de desmaiar. Na época de escola era um problema, pois às vezes eu saía atrasado sem conseguir tomar café da manhã e, quando chegava para as primeiras aulas, minha pressão caía e eu desmaiava na frente de todo mundo. Que mico! Várias vezes os professores tiveram que me carregar, ou então trazer aquele salzinho que você coloca debaixo da língua até se recuperar. Tanto é que, já no 2° ano, fiquei conhecido como o "cai-cai". Oito anos de idade e já tinha apelido bullynado. Foda!

Bom, naquele dia da Bienal, eu tinha comido um "podrão" às pressas. Não sabe o que é um "podrão"? É aquele hot dog bem gorduroso, que escorre maionese de um lado, ketchup do outro, mostarda de trás, derruba batata palha de cima...

Voltando ao palco da Bienal, depois que cheguei e abracei uns três fãs, comecei a suar frio e a sentir aquele hot dog falando na minha barriga: "Ei, queridão, quero subir para o mundo novamente!". Era uma mistura de pressão baixa e sangue gelado, enjoo, ansiedade... é, eu tava lascado, mesmo!

Corri para trás do palco e a moça da ambulância me atendeu. Enquanto isso, eu ouvia lá da frente: ***"CHRISTIAN, CADÊ VOCÊ? EU VIM AQUI SÓ PRA TE VER!"***

Aquela gritaria só me dava mais ansiedade e mais enjoo ainda. Será que a minha primeira Bienal seria esse fracasso? Deixaria cinco mil pessoas na mão querendo me ver? E os autógrafos? Eu sabia que tinha gente que chegava de madrugada para ficar nas primeiras posições da fila. **COMECEI A FICAR DESESPERADO.**

Enquanto a moça da ambulância me atendia e media minha pressão, ela falou:

— Menino, minha filha está aqui hoje pra ver você... vai lá e faz bonito, esses jovens te amam!

Quando ela me disse isso, foi como se, naquele momento, as cinco mil almas do lado de fora da ambulância dependessem de um sorriso meu e do meu bem-estar. Então eu olhei pra ela e disse:

— Mas eu tô suando frio, enjoado... como eu vou voltar para o palco?

Ela segurou minha mão, fechou a porta da ambulância e olhou no fundo dos meus olhos dizendo o seguinte:

— Menino, se entrega lá, sente a energia positiva dos seus fãs, quando você se entregar e sentir aquela vibração, você vai ficar bem. Sabe, nosso corpo sente e troca energia com os outros. Abra-se pra isso, você vai ver... só de ouvir os seus fãs, eu já estou feliz. Ainda mais sabendo que a minha filha ficou lá fora desde as seis da manhã, esperando apenas um abraço seu. Eles te amam. Vai lá, sua pressão está ótima!

POSSO DIZER A VOCÊS: AQUELAS PALAVRAS FORAM UM APRENDIZADO, ME ENCHERAM DE VIDA!

Levantei e retornei ao palco. Ela estava certa quanto à energia dos meus fãs. Com aquela gritaria que não acabava mais, voltei a sentir vida no meu corpo. Passei a me sentir confiante! E, no momento em que me entreguei a vocês, eu melhorei.

Percebi o quanto faço parte da vida de vocês, que a minha simples presença ajudaria a preencher a vida daquelas cinco mil pessoas. Que apenas um sorriso, um abraço, um beijo e um autógrafo no livro delas fariam com que cada uma voltasse pra casa com a sensação de dever cumprido. Daquele dia em diante, eu nunca mais fiquei nervoso ou ansioso antes de entrar em um lançamento de livro, peça ou qualquer outro evento para encontrar meus lokões e lokonas. Antes de qualquer encontro nosso, eu me olho no espelho, respiro fundo e digo a mim mesmo: "Eles estão lá pra se entregarem a mim, assim como eu vou me entregar a eles".

HOJE ENCARO UM PALCO OU O PÚBLICO DA MELHOR MANEIRA QUE CONSIGO. AQUELE DIA TIROU QUALQUER RECEIO QUE EU TIVESSE DOS OLHARES VOLTADOS PARA MIM.

Às vezes as pessoas observam figuras públicas e pensam que elas são diferentes dos outros, que não têm medos, não ficam tristes, só felizes. Eu digo a quem estiver aí do outro lado: todos que vocês admiram e têm como ídolos são humanos e possuem as mesmas inseguranças e medos que vocês. As minhas inseguranças são as mesmas que cada um de vocês já teve. Antes de ser **"O CHRISTIAN FIGUEIREDO"**, eu era (e ainda sou) um moleque sonhador, que nesse exato momento da madrugada está escrevendo este capítulo, tomando um delicioso chocolate quente e pensando que, em alguns meses, esta folha será lida por milhares de pessoas. Que minhas inseguranças, medos e pensamentos vão mostrar a todos vocês que sou normal, sou igual a vocês, igual ao seu amigo e sua amiga, e que, por isso, qualquer um pode chegar lá!

EU FICO
LOKO
2
AS HISTÓRIAS QUE TIVE MEDO DE CONTAR
BEST-SELLER #1
CHRISTIAN FIGUEIREDO DE CALDAS
Novas Páginas

TURNÊS DE LANÇAMENTO DE LIVROS SÃO SEMPRE BEM MOVIMENTADAS. A CADA LIVRO QUE EU PUBLICO, VISITO MUITAS CIDADES DO BRASIL, DE NORTE A SUL, PARA FAZER AS INTERMINÁVEIS (PORÉM, ADORÁVEIS!) TARDES DE AUTÓGRAFOS. POR CAUSA DOS DESLOCAMENTOS, NA MAIORIA DAS VEZES VIAJO DE AVIÃO, QUE É BEM MAIS RÁPIDO E GARANTIDO, NA COMPANHIA DE MEU EDITOR. E FOI EM UM DESSES VOOS QUE ACONTECEU ALGO BEM CURIOSO.

No entanto, antes de começar a contar o caso, não é novidade dizer que eu tenho pavor de voar. Quem me acompanha há bastante tempo já deve ter conhecimento disso. Mesmo após inúmeras decolagens e aterrissagens, me sinto um pouco inseguro quando piso em uma aeronave. Posso dizer que melhorou um pouquinho, mas o coração ainda gela quando estou afivelando aquele cinto e dá uma turbulência no avião. Porque, na maioria das vezes que BALANÇA, você não consegue enxergar o que tá acontecendo do lado de fora, e fica imaginando o que se passa na cabeça do comandante, ou mesmo se ele ou o copiloto estão lá, na cabine, na maior tranquilidade, tirando sarro da gente ou puxando o manche para todos os lados para conseguir segurar aquele monte de ferro e aço no ar.

Bem, minha insegurança não é tão anormal assim, já que tem tanta gente com esse medo por aí. E, se você é uma dessas pessoas, acho que me entende, não é?

Lembro que na primeira vez, quando ainda era criança, fui viajar com minha família e preferi sentar à janelinha do avião, naquela empolgação toda, para ver a paisagem enquanto voava.

Mas, cara, a primeira coisa que eu reparei quando sentei é que faltava um parafuso na asa do avião, que devia estar soldado ali, mas não estava, e aquilo me deixou neurótico! É claro que havia outras dezenas deles, mas eu só pensava: Onde tinha ido parar aquele parafuso? Será que caiu quando o avião estava no ar? Será que não vai fazer falta? Será que a asa vai partir por causa disso? *NÃOOOO...*

ENFIM, A MINHA PRIMEIRA VIAGEM, QUE DEVERIA SER UMA DAS MAIORES EMOÇÕES DA MINHA VIDA, FOI TERRÍVEL. NÃO É O TIPO DE SENTIMENTO QUE ESPERO PASSAR OUTRA VEZ ATÉ EU MORRER.

Voltando ao episódio que desejo contar a vocês, eu e o meu editor estávamos no saguão do aeroporto esperando pelo voo que já estava atrasado. Normalmente conseguimos passagens com algumas horas de antecedência aos eventos, para que não haja problema de atraso nas tardes de autógrafos. SÓ QUE OS MINUTOS ESTAVAM CORRENDO E NADA DE CHAMAREM A GENTE PARA EMBARCAR.

Foi quando veio a voz no alto-falante perto do portão em que estávamos:

— Temos um atraso na chegada da aeronave devido ao mau tempo. Pedimos aos senhores que aguardem até a chamada para o embarque.

Se tem algo que não combina neste mundo são as palavras "aeronave" e "mau tempo" na mesma frase, não é?

Ali já bateu certo nervosismo, o corpo ficou tenso! Dava pra ver que o clima lá fora estava carregado de nuvens e ventava, ou seja, nada favorável.

Depois de uns 30 minutos de atraso, o horário começou a ficar apertado. Nós tínhamos que embarcar, voar, chegar ao aeroporto de destino, pegar um táxi até o hotel, fazer check-in, guardar as malas... Depois cada um tinha que se arrumar, descer para o saguão e pegar outro táxi até o evento. Fora que eu ainda precisava responder a três entrevistas para emissoras de TV e jornais, antes de começar a autografar os livros.

PREOCUPADO, PEGUEI O CELULAR E POSTEI UM TWEET DAQUELES QUE SEMPRE FAÇO COM MEDO DE ENTRAR NO AVIÃO, DESSA VEZ COM MEDO DAQUELE TEMPO RUIM.

Depois de alguns minutos, eu virei pro editor, que estava perto de mim, e disse:

— **VOU ALI NAQUELAS POLTRONAS DE MASSAGEM.**

Ele fez sinal de ok. Ao contrário de mim, o meu editor é bem tranquilão com essas coisas. Tava ali de boa, com o notebook ligado, trabalhando, e eu nem conseguia ficar parado no mesmo lugar! O cara é parceiro, fera, tá sempre me acompanhando nos lançamentos dos livros, ***MAS A CALMA DELE TAVA ME ENERVANDO.***

Deixei minha mala com ele e andei até aquelas poltronas confortáveis que há dentro do aeroporto. SABE QUAIS SÃO? SOU VICIADO NELAS! COLOQUEI UMA NOTINHA DE DINHEIRO E FIQUEI ALI, UNS QUINZE MINUTOS, COM AS COSTAS SENDO MASSAGEADAS.

Que sensação maravilhosa!!!

Por sorte, nem bem o tempo de massagem acabou, ouvi a voz no alto-falante:

— Passageiros do voo XYZ (não vou lembrar aqui o número do voo), queiram por gentileza dirigir-se para o embarque. Passageiros com atendimento prioritário devem formar uma fila à esquerda. Demais passageiros ficam à direita. Todos com a passagem e um documento com foto nas mãos, por favor.

Enfim, a aeronave já tinha chegado e parecia que íamos embarcar.

MAS E O MAU TEMPO?

Voltei depressa para o lugar onde o editor estava e peguei minha mala. Fomos para a fila. Quando chegamos a uma daquelas atendentes que recebem o seu bilhete, ela logo me reconheceu:

— OI, CHRISTIAN FIGUEIREDO.

— Oi, tudo bem? — eu retribuí. Sem conseguir me conter, perguntei a ela: — Então... está mesmo seguro voar com esse tempo?

Ela abriu um sorriso e disse:

— Está, sim, senão a aeronave nem subiria. O comandante já teria avisado.

Não sei se ela dizia aquilo para me acalmar, porque eu tava visivelmente nervoso. **DEVIA ESTAR MAIS APAVORADO QUE O CACHORRO "CORAGEM" DO CARTOON NETWORK. A COISA TAVA FICANDO FEIA NO CÉU.**

— Quer dizer que o comandante é *profissa* mesmo?! — perguntei.

Ela riu mais ainda e me devolveu o documento.

— Sim, ele é bem experiente. Faça uma boa viagem, Christian!

Bem, eu não estava tão tranquilo assim, mas a simpatia da atendente da companhia aérea tinha aliviado um pouquinho a barra. Então nós nos dirigimos até a aeronave e guardamos nossas malas no compartimento. Eu peguei meu celular e os fones de ouvido e sentei no meu lugar. O meu editor estava acomodado na fileira atrás de mim, porque dessa vez, infelizmente, não havíamos conseguido poltronas juntas.

Logo começou a chover. Eu fiquei inquieto.

ELE DEU UM TAPINHA DE LEVE NA MINHA CABEÇA E PERGUNTOU:

— E aí, você tá bem?

— TRANQUILO — MENTI.

Coloquei os fones de ouvido, acionei a playlist no meu celular, afivelei o cinto e me encolhi na poltrona. Depois que todos embarcaram, as portas se fecharam e nos preparamos para a decolagem. Enquanto a tripulação fazia a apresentação dos procedimentos de segurança, CHEGUEI A DAR UMA OLHADINHA NA ASA, PARA VER SE FALTAVA ALGUM PARAFUSO SOLDADO NELA, MAS TAVA DE BOA.

O avião começou a taxiar.

Ganhou velocidade.

E subiu.

Assim que alcançou as nuvens, começaram os trancos. E eram fortes **PRA CARAMBA!**

Logo o sangue fugiu do meu rosto. Fiquei esperando que aquela luzinha de cintos afivelados apagasse. Até então, eu não havia tido nenhuma vontade de ir ao banheiro, mas foi só eu pensar nisso que a coisa veio com força total. Demorou uma eternidade, mas finalmente a aeronave se estabilizou e eu já podia me levantar. Então, pedi licença pra pessoa que tava do meu lado e corri pro banheiro.

CHEGUEI LÁ, TRANQUEI A PORTA E INICIEI O PROCEDIMENTO "ÁGUA NO JOELHO". QUASE QUE LITERALMENTE! POIS FOI SÓ EU COMEÇAR QUE TUDO VOLTOU A BALANÇAR DE NOVO, MAIS FORTE DO QUE NA SUBIDA, E O AVISO ACENDEU OUTRA VEZ.

— Estamos atravessando uma área de turbulência. Por favor, mantenham-se em seus lugares e com os cintos afivelados — avisou o comandante.

Terminei rapidamente, me controlando para não bater com os ombros naquela cabine minúscula. Apertei a descarga "a vácuo", lavei as mãos e saí em disparada até a minha poltrona. Enquanto isso, tinha a impressão de que o avião subia e descia como se fosse um tobogã.

A essa altura, a cada passo que eu dava, era um tremor! Um tremor nas minhas pernas! Era canela bambeando, joelho querendo ceder... E o meu editor rindo da minha cara, quando voltei mais branco que as paredes do avião!

— Tá tranquilo, né? — ele me zoou.

— CÉLOKO... — DESABAFEI.

Sentei, afivelei o cinto e fiquei quietinho com os fones de ouvido e minha playlist no celular. O voo não era muito longo, uns 40 minutos aproximadamente, então eu só tinha que resistir por esse tempo, com muita música no ouvido.

O SERVIÇO DE BORDO HAVIA SIDO CANCELADO POR CAUSA DA TURBULÊNCIA, E NÃO TINHA NEM ISSO PRA ME DISTRAIR...

Fechei os olhos e rezei pra que tudo desse certo. Só pensava nas pessoas me esperando na fila, lá na cidade de destino, malucas por um autógrafo, um abraço, um beijo. E eu, doido para encontrá-las. Eu não queria deixá-las esperando por mim... tipo assim, eternamente, sacou?

A VIAGEM CONTINUOU COM TURBULÊNCIAS. DAS POUCAS VEZES QUE VIA UMA COMISSÁRIA DE BORDO PASSAR POR MIM, ELA PARECIA RIR DA MINHA CARA. SERÁ QUE EU TAVA COM TANTA PINTA DE MEDO ASSIM? FIQUEI CISMADO COM AQUILO...

Finalmente soou o aviso de procedimento de descida.

Faltava pouco! Caralho!

Enfim, depois de 45 minutos tenebrosos, a aeronave pousou em solo. Eu não sei se você já sentiu esse tipo de alívio na vida, mas era como se eu tivesse passado numa prova, sendo aprovado na faculdade mais foda que existe no mundo.

É lógico que, como sempre, a aeronave mal parou e um monte de passageiros se levantou imediatamente. Eu sempre espero um pouco para desembarcar, deixo as pessoas passarem na minha frente, mas naquele dia eu tava doido pra sair logo dali, e me levantei também.

Foi quando escutei a voz do comandante surgir mais uma vez do alto-falante:

— PEDIMOS DESCULPAS AOS PASSAGEIROS PELOS TRANSTORNOS, MAS O MAU TEMPO FEZ COM QUE TIVÉSSEMOS ALGUNS IMPREVISTOS EM NOSSA VIAGEM. DESEJAMOS VÊ-LOS MAIS VEZES EM NOSSA COMPANHIA AÉREA.

ATÉ AÍ, TUDO BEM. ACHEI QUE ERA NORMAL O COMANDANTE PASSAR ESSE TIPO DE MENSAGEM FORMAL NO FINAL DO VOO, MAS A SURPRESA VEIO QUANDO...

— E, SIM, CHRISTIAN FIGUEIREDO... O COMANDANTE AQUI É "PROFISSA"! — DISSE ELE, RINDO.

Num primeiro instante eu não entendi nada, me vinha apenas na cabeça a mensagem que eu tinha postado nas redes sociais. Só depois de uns três segundos que me toquei. Então olhei para a cara do editor e vi que ele também havia compreendido.

NÓS DOIS RACHAMOS O BICO!

Em algum momento durante o embarque, a moça que pegou os nossos bilhetes deve ter transmitido a informação pelo rádio para a tripulação. Por isso as comissárias de bordo riam nas vezes que passavam por mim! *COM CERTEZA ALGUMA DELAS HAVIA REPASSADO A MENSAGEM PARA O COMANDANTE...*

PEGAMOS NOSSAS MALAS E, QUANDO PASSAMOS PRÓXIMO DA CABINE, EM DIREÇÃO À PORTA DE SAÍDA, ENCONTRAMOS O COMANDANTE DESPEDINDO-SE DE TODOS, AO LADO DE UMA DAS COMISSÁRIAS DE BORDO. Foi risada pra tudo que é lado! Ele disse que me conhecia porque as filhas dele acompanhavam o meu canal,

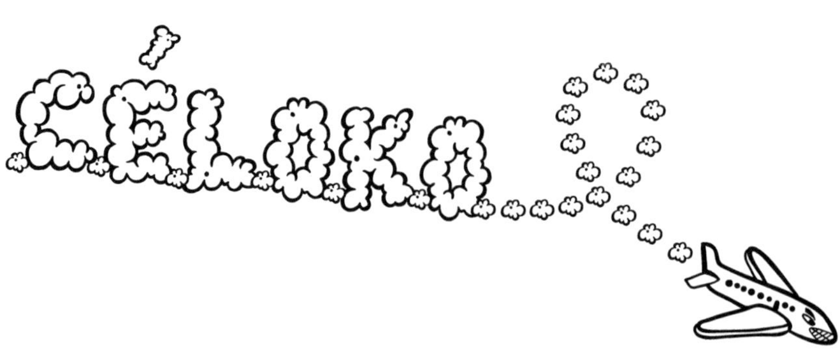

e também já tinha me visto na televisão algumas vezes. E, quando soube que eu estava no voo, não perdeu a oportunidade para fazer uma brincadeira. Depois pediu para tirar uma selfie, que eu fiz com o maior prazer, afinal, né, eu JURAVA que iria morrer naquele dia.

Na real, sempre que entro em um avião, acho que vou morrer... ou seja, todo piloto me salva, na verdade. Hehehehe!

5

UMA DAS HISTÓRIAS MAIS CABULOSAS DA MINHA VIDA ACONTECEU DURANTE A TURNÊ DE AUTÓGRAFOS DO MEU SEGUNDO LIVRO E ENVOLVEU ALGUM FÃ.

PERAÍ... MAS COMO ASSIM "ALGUM FÃ", CHRISTIAN? VOCÊ NÃO SABE NEM QUEM ERA?

Calma que vocês vão entender logo, logo...

Era dia de evento em livraria. Eu e o meu editor havíamos acabado de fazer check-in em um hotel, daqueles altos, imponentes, com tantos quartos e andares que eu logo imaginei quanto tempo as pessoas levariam para descer as escadas lá de cima, caso tivessem que passar por alguma emergência.

Uma pausa, aqui.

Vocês devem estar pensando que eu fico meio neurótico quando eu tô longe de casa, certo?

SIM!!!!!!!!

Eu fico mesmo, principalmente quando acabo de chegar a um lugar estranho! Porque não tem nada como o seu próprio espaço, conhecer cada cantinho de onde você reside, a sua cama, a sua geladeira, ficar próximo da família. Não há dinheiro que pague isso! Portanto, saibam que uma das melhores sensações que tenho na minha vida é quando eu fico fora por um tempo e depois volto pro meu apê. Caraca, só falta beijar as paredes!

BEM, MAS EU PRECISO VIAJAR, NÃO É? E, DIGA-SE DE PASSAGEM, BASTANTE! ENTÃO, A PROBABILIDADE DE OCORRER ALGUMA COISA DIFERENTE É MAIOR, MUITO MAIOR. PORÉM, TEM COISAS QUE SÓ ACONTECEM COMIGO...

ENFIM, COMO ERA ÉPOCA DE FÉRIAS, O HOTEL ESTAVA LOTADO. JÁ NA RECEPÇÃO, UMA FAMÍLIA ME RECONHECEU. Parei para atendê-los, óbvio. Tirei algumas selfies com eles, conversei... E, quando encontro esses grupos, sempre tem alguém que brinca bastante comigo. No caso, o pai da garota que me olhava como se não acreditasse que eu estava na sua frente. Ele comentou que sabia das brincadeiras que faço em meus vídeos. Falava que morria de ciúmes da filha (que, segundo os pais, era apaixonada por mim), mas que, como eu estava do outro lado do YouTube, ele permitia que ela me "namorasse" virtualmente! Eu ri. A garota, por sinal, nem era tão nova assim. PARECIA MUITO TÍMIDA, OU ESTAVA TRAVADA POR TER ME ENCONTRADO, SEI LÁ. JÁ O PAI, QUE FIGURA!

Nós nos despedimos. Eu e meu editor subimos o elevador e localizamos os nossos quartos, se eu não me engano, no décimo quarto andar. Como eu imaginava, bem alto. **MAS, ENFIM...** os quartos ficavam colados, parede com parede, e até aí, quando eu entrei, o meu estava bem arrumadinho e com um cheiro agradável, tinha até chocolate em cima dos travesseiros, coisa que eu achava que acontecia apenas nos filmes.

NÃO SEI SE VOCÊS FAZEM ISSO, MAS, ASSIM QUE EU CHEGO A UM QUARTO DIFERENTE

DO MEU, LOGO PULO NA CAMA PARA SENTIR SE ELA É CONFORTÁVEL. Tem três coisas que eu acho imprescindíveis em um hotel: uma boa cama, água quente e Wi-Fi de qualidade. **O RESTO, A GENTE DÁ UM JEITO, NÃO É?**

A vista não podia ser melhor, era só abrir as cortinas que eu chegava a uma varanda e dava de cara com a praia e, embora soubesse que não haveria tempo para pegar um solzinho ou tomar uma água de coco, só de saber que eu ia dormir com aquele barulhinho das ondas batendo na areia já me deixava mais animado.

Até então, a impressão foi a melhor possível. Depois de testar a cama, coloquei minha mala em cima dela e puxei os meus apetrechos tecnológicos — câmera, carregador, cabos, HD externo e notebook —, porque eu ainda precisava transferir alguns vídeos para serem editados naquele dia. Indo de uma cidade a outra, é importante que você faça isso com certa regularidade, para não acontecer algum problema e perder material. Então, teria aproximadamente uma hora e meia antes do evento para ficar trabalhando.

Mas, antes, bateu a larica. Eu só havia tomado café da manhã e decidi pedir comida no quarto. Peguei o cardápio, escolhi o que queria (bem light, porque antes do evento não dá pra ficar com o estômago pesado) e fiz o pedido. Não demorou muito, bateram na porta do quarto. Abri e era um funcionário do hotel trazendo a comida. Assinei o papel, agradeci e mandei ver.

O RANGO TAVA FODA!!!

A ESSA ALTURA, TENHO QUE DIZER, ERA UM DOS MELHORES HOTÉIS QUE JÁ HAVIAM ME HOSPEDADO, COM CERTEZA.

Mas...

Comecei a adiantar o processo de envio de vídeos. Fiquei entretido por um tempo. Deixei um deles, muito grande e pesado, para fazer upload enquanto eu estivesse fora. Tomei meu banho e comecei a me preparar para o evento. Nesse ínterim, o meu editor tinha mandado uma mensagem:

JÁ ESTOU AQUI NO TÉRREO. O TÁXI ESTÁ ESPERANDO. BORA!

Coloquei meu perfuminho básico, ajeitei a cabeleira e desci para encontrar com ele.

Fomos para a livraria. Acho que não preciso descrever aqui como é uma tarde de autógrafos, certo? Vocês já devem saber bem! Mais ou menos quatro horas de abraços, beijos, gritos, fotos, presentes e muito... muito amor dos fãs!!!

AQUI VAI UMA OBSERVAÇÃO IMPORTANTE...

Tenho que dizer, gente, eu ganho MUITA coisa! Sou eternamente grato por tudo aquilo com que vocês me presenteiam, desde chocolate e pipoca até

bichos de pelúcia! Na hora do evento, nunca dá tempo de olhar, então reunimos tudo numa grande sacola e eu peço para alguém da livraria deixar no hotel depois que acaba. **SEMPRE QUE CONSIGO, DOU UMA PARADINHA PARA OLHAR OS BILHETES, CARTAS, RETRATOS... ATÉ BOLETIM ESCOLAR JÁ ME DERAM! POR ESSAS E OUTRAS, SOU LOKÃO POR VOCÊS! E PELAS PESSOAS QUE ME AJUDAM MUITO NOS LANÇAMENTOS!**

Bem, depois de cada evento, que dura em média quatro ou cinco horas, em vez de voltarmos logo para o hotel, aproveitamos para jantar, porque tem que recarregar as energias, né? Lembro que, na cidade em que estávamos, fomos a um restaurante estilo americano e eu comi uma bela costela, daquelas enormes, *PARECIDA COM AS QUE O FRED FLINTSTONE PEDIA NO DRIVE-THRU E QUE INCLINAVAM O CARRO DELE. EITA, QUE FOME QUE DÁ!*

POIS BEM, VOLTAMOS PARA O HOTEL MAIS DE UMA HORA DEPOIS. QUANDO CHEGAMOS, PASSAMOS PELA RECEPÇÃO E UMA ATENDENTE

NOS AVISOU QUE HAVIA UMA SACOLA. ERAM OS MIMOS QUE GANHEI NO EVENTO DAQUELE DIA, ALGUÉM DA LIVRARIA JÁ TINHA ENTREGADO. Peguei a sacola de Papai Noel e fomos diretamente para o nosso andar. Como iríamos viajar bem cedo no dia seguinte, eu me despedi do editor e entrei no meu quarto.

Assim que olhei para o notebook, conferi que o upload do vídeo pesadão já tinha terminado. O Wi-Fi era mesmo da hora. Tudo caminhava bem. Evento feito com sucesso, hotel de primeira, vídeos arrumados. Tirei a roupa e fui tomar meu banho. Até que...

TOC, TOC, TOC.

De imediato, achei que era o meu editor. Havíamos acabado de chegar, então eu pensei que um de nós tinha esquecido algo, sei lá.

De dentro do banheiro, fechei o chuveiro e perguntei quem era, mas ninguém respondeu.

"Bem, foi um engano", logo pensei.

VOLTEI PARA A DUCHA. Me despi, abri o chuveiro e comecei a tomar meu banho. Tava lá, relaxando na água quente, cantarolando alguma musiquinha, quando ouvi meu celular apitar. Até aí, nada de mais. Terminei de me enxugar, saí do banheiro com a toalha na cintura e fui conferir as mensagens.

VOCÊ BATEU AQUI NA MINHA PORTA?

Era o meu editor. De cara, eu estranhei a pergunta. Como assim?

NÃO. MAS BATERAM AQUI TAMBÉM.

Veio a resposta:

AH, OK. QUALQUER PROBLEMA, ME AVISA.

Conferi todas as minhas mensagens e larguei o celular de lado. Eu não ia mais trabalhar naquele dia, então vesti meu pijama, liguei um sonzinho no meu notebook e estava pronto para conferir os e-mails quando...

TOC, TOC, TOC.

QUE BOSTA! O QUE SERÁ QUE TÁ ACONTECENDO? SERÁ QUE É ALGUÉM DO HOTEL SE ENGANANDO DE QUARTO? SÓ PODE!

DESCI DA CAMA E ME DIRIGI PARA A PORTA. PERGUNTEI QUEM ERA, MAS NÃO OBTIVE RESPOSTA. FIQUEI CISMADO. Como eu já estava de pijama, abri apenas uma fresta e espiei do lado de fora. Ninguém! Foi aí que eu olhei para baixo e vi que tinha uma caixa no chão, com um laço vermelho enfeitando a tampa.

Era um presente.

LOGO IMAGINEI QUE ALGUÉM DA RECEPÇÃO TIVESSE ESQUECIDO DE ME ENTREGAR JUNTO COM A SACOLA. TALVEZ PORQUE NÃO COUBESSE DENTRO DELA. E, COMO EU TINHA DEMORADO PARA ATENDER ANTES, ELES DEIXARAM ALI PORQUE EU TINHA PENDURADO AQUELE AVISO DE "NÃO INCOMODAR" NA MAÇANETA.

Peguei a caixa e trouxe para dentro do quarto. Tenho que dizer que estava bem curioso, por isso a passei na frente de todos os presentes e tirei o laço.

Quando abri e vi os três objetos que tinha dentro, não entendi nada.

QUE COISA ESTRANHA!

Vocês também querem saber o que é, não?

Certo. Lá vai...

Era uma lata de energético, um pedaço de corda e uma lingerie.

Sério, gente! Três itens que, misturados... BEM, NÃO PRECISA DIZER, NÉ??????

Aquilo era algo inesperado! Disse aqui que já ganhei vários tipos de presente, mas nada tão... "abusado" assim! Procurei um bilhete, um nome, mas zero. Na mesma hora, peguei o celular e mandei uma mensagem pro editor:

VOCÊ LEMBRA DE TER RECEBIDO ALGUMA CAIXA COM LAÇO VERMELHO NO EVENTO?

Depois de alguns segundos:

TINHA VÁRIOS EMBRULHOS. DE QUAL TAMANHO?

MAIS OU MENOS DO TAMANHO DE UMA CAIXA DE SAPATOS.

NÃO, NADA TÃO GRANDE.

Bem, só me restava ligar para a recepção e perguntar ao funcionário que tinha deixado a caixa ali sobre quem havia trazido, porque eu realmente estava MUITO curioso. Peguei o telefone no quarto, pressionei o 9 e falei com a mesma moça que havíamos encontrado na recepção quando chegamos. Eu perguntei e ela respondeu:

— Não, senhor, não havia nenhuma caixa aqui para ser entregue em seu apartamento.

Desliguei o telefone. Agora eu tava cabreiro de verdade! Como uma caixa aparece assim, na porta do seu quarto de hotel, e ninguém sabe de nada?

MISTÉRIO...

DEIXEI A CAIXA EM CIMA DA MESA. E FECHADA. A ESSA ALTURA, EU JÁ NEM LEMBRAVA QUE TINHA QUE DORMIR CEDO. SERÁ QUE ERA ALGUMA FÃ? BEM, PARECIA. MAS E SE NÃO FOSSE? Podia ser pegadinha de algum amigo youtuber, mas eu não tenho nenhum com tanta intimidade naquela cidade. Podia ser algo mais perigoso... um fã daqueles obsessivos! Eu sei que vocês não são nenhum deles, mas devem imaginar que existem alguns por aí. Então, quando iniciamos uma turnê, fazemos de tudo para que não descubram onde a gente tá hospedado, porque já teve algumas tretas de pessoas mais exaltadas invadirem hotéis para me encontrar, fingindo que são parentes.

Meia hora depois, o barulho:

TOC, TOC, TOC!

Gelei dos pés à cabeça! De novo? Caralho! Quem tava batendo? Perguntei quem era, mas a pessoa não respondeu (outra vez). Eu que não era maluco de abrir! E só aí que eu percebi que o quarto não era tão perfeito assim, porque faltava o olho-mágico na porta, para enxergar quem tava do lado de fora.

COMECEI A ME SENTIR COMO UM DAQUELES REFÉNS DE FILME QUE NÃO PODEM SAIR DO QUARTO. EU NÃO TINHA PARA ONDE FUGIR, SENÃO...

A varanda.

É claro que eu não ia pular lá de cima! Mas veio uma coisa meio louca na cabeça: chamar o meu editor, que estava no quarto ao lado. Eu abri a porta da varanda e fiquei do lado de fora. A ESSA ALTURA DO

CAMPEONATO, NEM AS ONDAS DA PRAIA ME ACALMAVAM MAIS!

Comecei a chamá-lo. Só que eu percebia que a televisão dele tava alta e ele não tava escutando nada. Ou tava dormindo. Em meia hora? Droga!

TOC, TOC, TOC!

EU JÁ TAVA QUASE ME BORRANDO. Se eu já sou neurótico quando fico fora de casa, imagine nesse dia. Não adiantava perguntar quem era de novo, a pessoa não ia responder. Eu tinha quase certeza de que ela queria que eu abrisse a porta e ia invadir o quarto com tudo. Sei lá o que viria depois! Podia ser uma coisa muito boa, né? Mas também podia ser uma fria daquelas!

E se fosse o tal serial-killer de que tanto tenho receio e que cito nos meus livros? Tô fora!

Voltei para o quarto e telefonei novamente para a recepção. Falando baixo, perguntei por que tinha alguém batendo na minha porta. A atendente respondeu que não tinha autorizado ninguém a subir e, por ser de noite, poucos funcionários estavam trabalhando àquela hora. Eu insisti em dizer que alguém tava batendo. Ela falou que verificaria.

Passaram-se alguns minutos em silêncio. Tentei olhar por debaixo da porta, mas, devido ao carpete, não dava pra enxergar nada. Pensei em mandar uma nova mensagem pro meu editor, mas antes de fazer isso...

TOC, TOC, TOC!

AH, NÃO! EU JÁ TAVA QUASE SURTANDO. FOI QUANDO ESCUTEI:

— Segurança do hotel.

UFA!!!!!!!!!!!!!!!!!!!!!!!!!!!!

Abri a porta e dei de cara com um sujeito enorme, quase um armário, vestido de terno preto e com um rádio comunicador na mão. Ele perguntou se estava tendo algum incômodo. Olhei para os dois lados, examinei o corredor e não vi mais ninguém, estava mais calmo que cemitério de madrugada. Na hora, fiquei sem graça de contar o que tava acontecendo. Como eu ia explicar sobre a caixa? Pior, o que tinha dentro dela? Já pensaram na situação? O cara ia rir de mim, lógico!

Comentei que estavam batendo na porta, mas que achava que era engano. Ele disse que daria um tempo ali naquele andar, para ver se estava acontecendo algo, e que eu ficasse despreocupado.

Realmente, depois que eu fechei a porta, nada mais aconteceu. Se tinha alguém espionando, deve ter ficado assustado com o tamanho do cara.

Foi difícil dormir naquela noite, mas tudo bem. No dia seguinte, levantamos bem cedo. Encontrei com meu editor no café da manhã e contei tudo o que tinha acontecido. Perguntei se ele não me escutou falando com o segurança, e ele disse que já tinha "apagado" com a TV ligada, como eu presumi.

FIZEMOS O CHECK-OUT SEM COMENTAR MAIS NADA. APENAS DEIXEI A CAIXA NO QUARTO E ME MANDEI.

Quando estávamos no avião, indo para outra cidade, me ocorreu uma coisa. A minha teoria é que a família que encontramos no saguão do hotel no dia anterior tinha feito aquela brincadeira conosco. Provavelmente, o pai brincalhão. Bem, mas e se foi a filha? E se aquela garota não era tão envergonhada assim? Já o meu editor acreditava que alguém tinha nos seguido desde o evento ou o restaurante e conseguiu entrar no hotel, mas não teve sucesso em finalizar o "presente" comigo!

QUE ZOEIRA! KKKKK

Vai saber... nunca vou descobrir, porque o "culpado" nunca apareceu.

COMO EU DISSE LÁ ATRÁS, UMA DAS HISTÓRIAS MAIS CABULOSAS DA MINHA VIDA! EU NUNCA CONTEI NOS MEUS VÍDEOS PORQUE LOGO IMAGINEI QUE ERA ALGO LEGAL PARA ESCREVER AQUI NO LIVRO.

E com vocês, já aconteceu algo estranho assim?

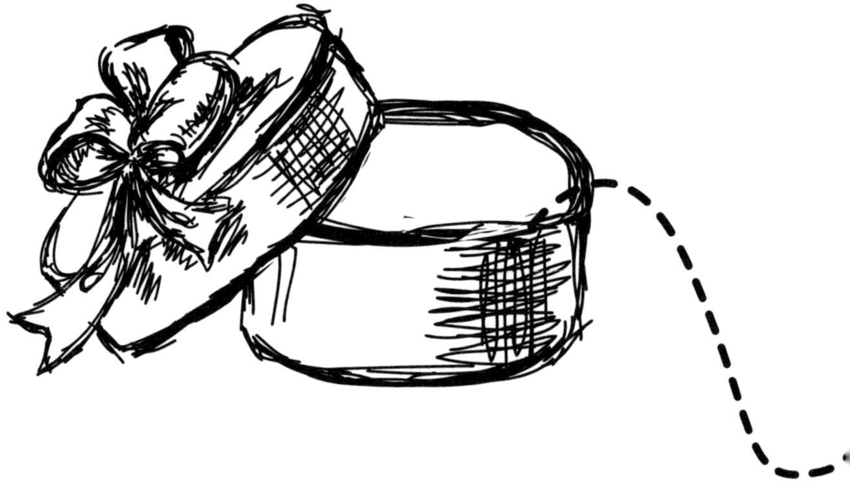

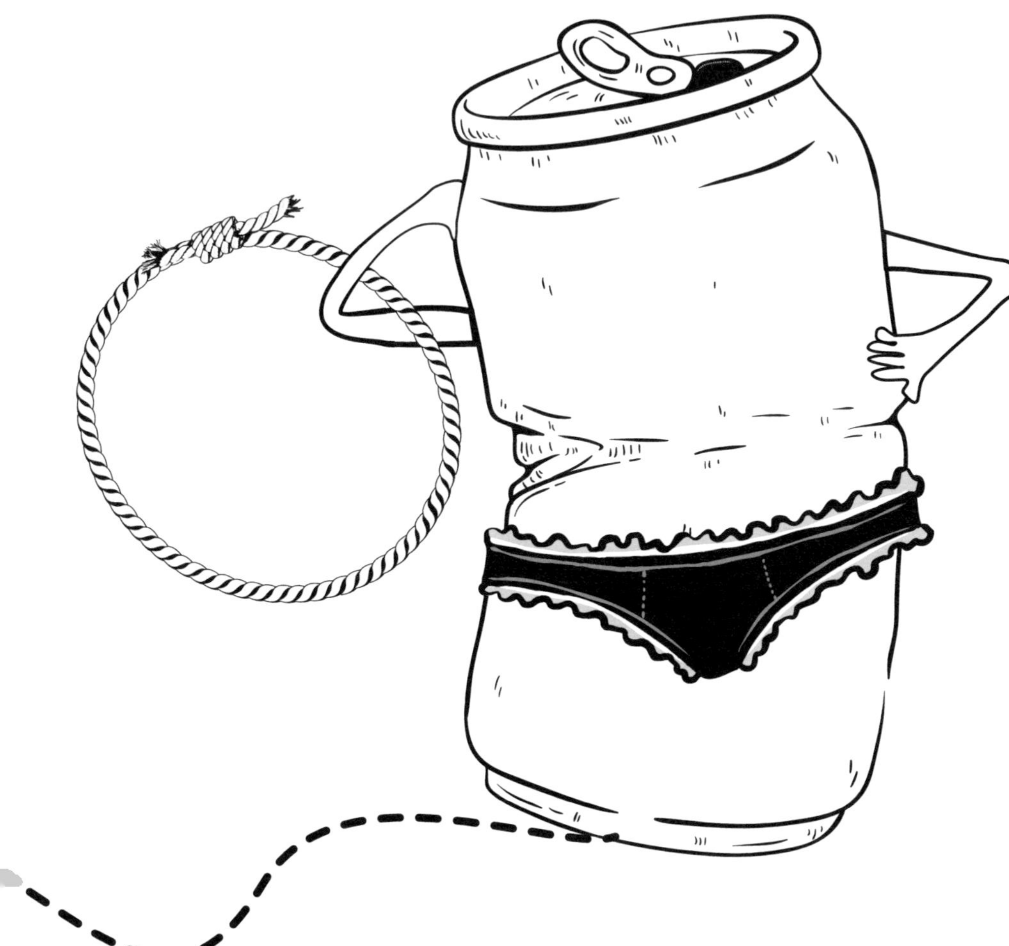

6

"CHRIS, O MAURICIO DE SOUSA QUER TE CONHECER..."
LEMBRO ATÉ HOJE QUANDO OUVI ESSA FRASE NA BIENAL DO RIO DE JANEIRO, EM 2015.

MEU CORAÇÃO DISPAROU, MINHAS PUPILAS SE DILATARAM (TÁ, NÃO SEI SE ELAS SE DILATARAM, MAS A GENTE VAI FALANDO VÁRIAS COISAS AQUI PRA MOSTRAR O QUANTO ISSO FOI IMPORTANTE PRA MIM!) E CUSTEI PARA SEGURAR A ANSIEDADE. EU ESTAVA NA BIENAL PARA AUTOGRAFAR O MEU SEGUNDO LIVRO, O QUE JÁ ERA UMA LOUCURA! E, PRA FECHAR A NOITE, UM ENCONTRO COM O MAURICIO DE SOUSA?

SERÁ???

O pessoal da organização da feira me buscou e disse que me levaria para encontrar com ele. Durante o trajeto, precisei repetir para mim mesmo que não era a minha imaginação me pregando uma peça, que em breve estaria com um dos maiores ídolos da minha infância. Até que me levaram a uma salinha onde ele estava reunido com a sua assessoria.

LEMBRO QUE ELE ESTAVA SENTADO, MAS, ASSIM QUE ME VIU, LEVANTOU PARA ME CUMPRIMENTAR. Ele estampou um sorriso no rosto, apertou minha mão e perguntou, antes mesmo de me dar um "**OI**":

— Qual é o seu personagem predileto?

Caramba!!! Que pressão... manda uma pergunta direta assim, na lata, sem nem um "oi"? Travei!

Parecia um daqueles momentos em que encontramos um ídolo nosso nas ruas, apertamos a mão dele e ele, para ser simpático, pergunta: "Qual música minha você mais gosta?". Ou se é um ator: "Ah, qual novela que participei você curtiu mais?".

A GENTE SEMPRE TRAVA E ESQUECE TUDO QUE AQUELA PESSOA FEZ OU FAZ, E FICAMOS PARECENDO UM FÃ "POSER", ou seja, aquele que só finge que é fã, mas que não sabe nada sobre o ídolo (né, pessoas que estão me lendo? Indiretas, já... **HEHEHEHE**)

Encarei ele, dei uma risada e pensei: "Não posso demorar muito, senão ele vai achar que eu não conheço a Turma da Mônica e seus personagens".

Então respondi rapidamente:

— O CEBOLINHA!

ELE SORRIU, SENTOU NOVAMENTE E PEGOU UMA FOLHA DE PAPEL A4. COMEÇOU A DESENHAR UM CEBOLINHA PERSONALIZADO PARA MIM... MEU CORAÇÃO DISPAROU! Fiquei hipnotizado com a velocidade com que ele fez aquele desenho, meu Deus! Ele desenhou um Cebolinha em poucos segundos, perfeito, com detalhes e tudo mais... Bom, acho que ele já deve ter desenhado MUITOS Cebolinhas na vida, né?

PARA MIM, FALAR "E AÍ, MEUS LOKÕES E LOKONAS DESTE BRASIL?" É O MESMO QUE O MAURICIO DE SOUSA DESENHAR UM PERSONAGEM DELE.

Enquanto ele desenhava, lembrei de uma história muito louca da minha mãe, que eu não poderia deixar de comentar com ele. Era a oportunidade da minha vida e, por fim, a história que contei ali virou algo MUITO maior do que eu imaginava.

Quando minha mãe ainda era criança, ela tinha uma gatinha. Lembro que pelas fotos a bichana era bem fofinha e gordinha, daquelas que dá vontade de apertar o dia todo, sabe?

Minha mãe devia ter uns 10 ou 11 anos quando a gata deu cria. E, como minha vó não a deixou ficar com os filhotes, elas anunciaram no jornal a venda dos filhotes (sim, as pessoas ainda anunciavam coisas para vender nos jornais daquela época... A GENTE NÃO DESAPEGAVA EM ALGUNS SITES AÍ! HEHEHEHEHEHE)

Alguns dias depois, a campainha tocou. Minha vó atendeu à porta, depois correu pro quarto da minha mãe e falou, assustada:

— **FILHA, O MAURICIO DE SOUSA VEIO VER OS GATINHOS!!!**

Minha mãe desceu as escadas correndo e o abraçou bem forte. Não bastasse a surpresa, ao lado do Mauricio estava uma menina, que era sua filha Mônica. Ela tinha a idade bem parecida com a da minha mãe.

Ela conta que o Mauricio pegou um dos filhotes que a Mônica adorou e, sem pensar muito, pagou na hora. Depois foram embora.

Bem, anos e anos depois, minha mãe cresceu, se casou, teve uma filha, depois um filho (no caso, eu, sete anos depois), e esse filho cresceu e teve mais três filhos (brincadeira, por enquanto, não!). Então continuando... esse filho atingiu seus maiores sonhos e, algumas décadas depois, esse mesmo filho viu-se sentado com o Mauricio de Sousa, contando essa história pra ele.

E não é que, depois de ouvir tudo, ele assentiu com a cabeça?!

EU ME ARREPIEI TODINHO E QUASE CHOREI... NÃO TENHO NEM COMO EXPLICAR COMO FOI AQUELE MOMENTO PARA MIM. EU NÃO SABIA SE O MAURICIO ESTAVA SENDO SIMPÁTICO E FINGINDO QUE HAVIA SE LEMBRADO, OU SE REALMENTE TINHA SE RECORDADO DE UM GATINHO QUE PEGOU PARA SUA FILHA, A MÔNICA, UNS QUARENTA ANOS ATRÁS!!!

Mas eu tive certeza de que era verdade quando ele simplesmente disse:

— O gatinho? Claro que me lembro.

E, então, completou...

PAUSA DRAMÁTICA, OLHAR DO MAURICIO PARA O HORIZONTE.

Ok, não teve essa de olhar para o horizonte, mas é sempre legal deixar a história com uma pausa dramática, né? Tipo roda de amigos quando você está contando algo incrível e para de contar só para deixar todo mundo na sede de ouvir o resto!

— O gatinho é o gato da Magali, Christian.

Eu olhei para ele e, com o queixo quase lá embaixo, perguntei:

— SÉRIO?

Ele fez que sim com a cabeça (homem de poucas palavras, gosto disso! **GOSTO DE PESSOAS MISTERIOSAS... HAHAHAHA**) e logo depois me entregou o desenho do Cebolinha. Eu o abracei. Depois ele desenhou também o personagem O Louco para simbolizar meu canal. Não é que ele se lembrou mesmo do nome do meu canal? Eu tinha falado no começo da conversa e ele usou aquilo de elemento para desenhar, demais!

Porém, o mais incrível disso tudo é que eu lia TANTO a Turma da Mônica quando era criança e

nunca pude imaginar que o filhotinho da gata da minha mãe era o gato da Magali. ***Que mundo pequeno, não é mesmo?***

Acho que histórias como essa, em que você encontra alguém que admira, fazem você ter inspiração para seguir em frente e continuar a realizar seus objetivos com mais vontade e determinação. E aquele encontro de dez minutos me inspirou a prosseguir tratando meus fãs com carinho e respeito, de um jeito que não tem tamanho, como o Mauricio de Sousa fez comigo.

ESPERO QUE TODOS VOCÊS POSSAM ENCONTRAR, ALGUM DIA, uma pessoa que admiram, que possam abraçá-la e guardar esse momento para sempre. São momentos assim que nunca esquecemos, momentos que preenchem nossa alma.

E, se tiverem sorte como eu tive, ainda levam dois desenhos para casa!

7

EU ESTAVA REALMENTE MUITO ENVERGONHADO QUANDO FUI CHAMADO PARA PARTICIPAR DE UM PROGRAMA DE TELEVISÃO PELA PRIMEIRA VEZ... TELEVISÃO? EU SÓ SABIA ASSISTIR ÀQUELA COISA RETANGULAR DE 40 POLEGADAS, BONITINHO NO SOFÁ, COM O CONTROLE REMOTO NA MÃO, E DE REPENTE RECEBO MEU PRIMEIRO CONVITE EM 2014 PARA PARTICIPAR AO VIVO DO PROGRAMA ENCONTRO COM FÁTIMA BERNARDES.

Quando recebi o e-mail, dei risada e comentei com dois amigos meus:

— *ACHAM QUE EU SOU TROUXA, NÉ? ATÉ PARECE QUE VOU CAIR NESSE GOLPE DE APARECER AO VIVO NA REDE GLOBO!*

Estávamos numa lanchonete, mandando ver num hambúrguer (é aquilo que falei, lembram? Quando a notícia é boa e você está comendo uma comida boa, não tem como se esquecer do dia).

Eu tinha acabado de sair da casa dos meus pais, estava há um mês morando sozinho e qualquer coisa que me ofereciam ou tentavam fazer comigo, eu desconfiava. Imaginem um cara muito moleque, criado embaixo da asa da mãe, que de repente está sozinho num apartamento, podendo fazer tudo o que quiser e na hora que quiser. Aquela sensação de liberdade era bizarra! Ao mesmo tempo que eu adorava, me sentia desprotegido, com um pé atrás pra tudo o que pintava na minha frente.

Continuamos comendo e um dos meus amigos falou:

— Chris, confere aí, rapidão. Vê se o e-mail tem um @globo.

Eu olhei e disse pra ele que tinha.

— Talvez seja verdade, mano.

Eu me empolguei e pensei: "SERÁ?!"

Analisei o e-mail novamente e falei:

— Manos, acho que é verdade então, hein?

Falei aquilo com frio na barriga, já pensando em ter que enfrentar pela primeira vez a televisão. E o pior, **AO VIVO!**

TERMINAMOS DE COMER E NO DIA SEGUINTE RESPONDI AO E-MAIL FALANDO QUE TOPAVA. Somente depois que marcaram minhas passagens aéreas e o hotel no Rio de Janeiro, é que passei a acreditar cem por cento na situação.

UMA SEMANA DEPOIS EU JÁ ESTAVA DE MALA PRONTA, CABELO PENTEADO (BRINCADEIRA, EU TAVA COM O CABELO RASPADO NA ÉPOCA. Fiz uma promessa que, com um milhão de inscritos no meu canal do YouTube, eu rasparia a cabeça. E não é que rolou?) e voando para o Rio de Janeiro.

Cheguei ao Rio um dia antes do programa, pois, como era ao vivo e muito cedo, os convidados chegavam antes para garantir que estivessem lá no Projac no horário (pra quem não sabe o que é Projac... eu também não sei até hoje. Só sei que é onde ficam todos os atores fodas andando de um lado para o outro e os estúdios onde gravam a maioria dos programas de auditório e das novelas).

Lembro que aquela noite foi a pior de todas! Eu fiquei o tempo todo sem sono e ansioso! Queria que tudo aquilo acabasse logo e eu voltasse para São Paulo, para a minha casinha, seguro e longe de situações como aquelas. Embora desejasse muito participar daquele programa.

Bem, a hora do programa finalmente chegou, os **NERVOS À FLOR DA PELE!!!**

Levantei, vesti uma roupa e encontrei o carro que estava lá para me buscar (chique, né? Não estava acostumado com toda aquela mordomia). Entrei no veículo e o motorista falou:

— Prazer em conhecê-lo, senhor Christian. Você poderia gravar um vídeo aqui pra minha filha? Ela é super sua fã.

Entendam, naquela época eu tinha um pouco mais de um milhão de seguidores, e entrei em choque com aquilo. Acho que nunca tinha gravado um vídeo para um pai mandar para a filha, e ainda por cima um motorista da Rede Globo. ESTAVA ME SENTINDO MEGA EXCLUSIVO!

Gravei o vídeo e fomos conversando durante todo o trajeto. O cara parecia ter caído do céu, porque, enquanto falava com ele, ocupava a minha mente e me sentia mais tranquilo para o que viria depois.

Papo vai, papo vem, chegamos ao Projac. O nervosismo começou a voltar, porém um pouco mais controlado. Fui para uma sala de maquiagem, e em seguida me puxaram para o palco. Vi a plateia, sentei num banquinho e, antes mesmo de me tocar que eu tinha chegado até ali, o diretor já estava falando:

— DOIS MINUTOS PARA ENTRAR NO AR!!!

MEU DEUS, QUE PRESSÃO! ERA UMA LOUCURA... GENTE CORRENDO DE UM LADO PARA O OUTRO, PESSOAS MANDANDO O PESSOAL DA PLATEIA SE SENTAR, PRODUTORES PASSANDO POR MIM E GRITANDO, APRESENTADORES AQUECENDO A VOZ E FALANDO SOZINHOS, LOUCURA!

EU era o "Eu Fico Loko" ali e estava totalmente quietinho.

Foi tudo tão rápido que, de repente:

— VAMOS ENTRAR EM 5, 4, 3, 2, 1...

Quando percebi, AÇÃO!!! Estávamos entrando no ar e eu lá, totalmente perdido em cena. A primeira pergunta para mim foi:

— E aí, Christian, esse seu tênis é uma loucura, hein?!

EU TOMEI UM SUSTO, dei uma risadinha e olhei pra baixo. Quando eu vi, estava com um tênis azul totalmente chamativo que não combinava em NADA com a minha roupa. Eu não sei por que fui com aquela merda!

Todos deram risada e logo depois falaram:

— Mas conta um pouquinho mais do seu canal no YouTube, Chris...

QUANDO VI, TODOS OS OLHARES SE VOLTARAM PARA MIM, PLATEIA E APRESENTADORES. E, CLARO, O BRASIL TODO, NÉ? AO VIVO! MEU DEUS!!!!

Meu sovaco estava mais molhado do que uma piscina olímpica! Eu não parava de suar, minha mão estava molhada e gelada, e minhas pupilas COM CERTEZA estavam dilatadas naquele instante.

Gaguejei um pouco e falei. Quando vi que consegui responder àquela pergunta e todos interagiram comigo, me senti confiante. Acho que eu só precisava passar pela primeira fala. Depois daquilo, meu nervosismo caiu de cem por cento a vinte! Não vou mentir aqui e falar zero por cento, porque não seria verdade. Televisão dá medo, não tem como, é muita gente te olhando e esperando você abrir a boca para elas interagirem, tudo depende do seu desempenho quando a lente da câmera está fixa em você.

ESTA FOTO É DA SEGUNDA VEZ QUE FUI AO PROGRAMA

BOM, DIGAMOS QUE MINHA PRIMEIRA PARTICIPAÇÃO NUM PROGRAMA DE TELEVISÃO FOI BEM INTERESSANTE. Foi mais ou menos como colocar vários sentimentos em um liquidificador. Tive medo de fazer feio, raiva por não ter falado tudo o que poderia falar, felicidade por ter passado por um desafio, ansiedade pelos dias e horas que esperei até subir naquele palco, paixão por estar no meio de um ambiente que sempre quis conhecer (e já tinha paixão por ele sem nem ter visto antes pessoalmente), alívio por ter passado por tudo aquilo e, claro, dor de cabeça. OI? DOR DE CABEÇA? Sim, sou desses que, quando estão navegando em meio a um turbilhão de sentimentos e finalmente o superam, a adrenalina baixa e as primeiras coisas que vêm são fome e dor de cabeça. Sou estranho, eu sei.

DEPOIS DAQUELE PROGRAMA, COMECEI A FREQUENTAR A TELEVISÃO COM MAIS REGULARIDADE (AI, SE ACHA, NÉ? HAHAHAHAHA).

SEM QUERER ME GABAR, ACABEI SENDO CONVIDADO PRA TODOS OS PROGRAMAS DE QUE SEMPRE **SONHEI EM PARTICIPAR.** *Legendários*, apresentado pelo Marcos Mion, *The Noite*, com Danilo Gentili, fiz um quadro no *Pânico*, participei de uma série de programas no SBT e, por fim, ganhei um quadro na emissora que foi a primeira a me convidar e a falar do meu trabalho, dessa vez no programa *Fantástico*.

É muito louco quando, hoje em dia, alguém me para na rua ou até mesmo um familiar chega pra mim e pergunta:

— VOCÊ É TÃO ESPONTÂNEO NA TELEVISÃO, NÃO FICA NERVOSO, NÃO?!

E eu respondo:

— *PRA CARALHO!*

SEMPRE QUE AQUELA CÂMERA GIGANTE, QUE CUSTA A MINHA ALMA, DÁ REC, EU ME BORRO TODO. PORÉM, ACABEI APRENDENDO QUE UM POUQUINHO DE NERVOSISMO PRA GRAVAR É A MELHOR COISA. Se até hoje fico assim para gravar meus vídeos (e isso porque eu gravo sozinho, né?), é meu DEVER ficar nervoso na televisão, assim sei que estarei sempre fazendo direito e com vontade!

Acho que, quando realmente gostamos de algo, precisa ter aquele friozinho na barriga até realizar. Uma prova para passar na faculdade dos seus sonhos, uma entrevista de emprego, um convite pra sair com a garota por quem você tá apaixonado, sua primeira vez, primeiro beijo. Se aquele nervosinho aparece, é porque vai ser bom e, te garanto, você não vai esquecer NUNCA!

Hoje em dia, estar em público é a coisa mais natural do mundo pra mim. O menino que antigamente nem conseguia apresentar um trabalho escolar a uma classe de trinta pessoas, agora consegue falar muitas vezes com o Brasil todo. Fico feliz por ter passado por esse desafio na televisão, um desafio do qual nunca imaginei que um dia sairia como extrovertido e no qual conseguiria expor meus pensamentos não apenas para mim, mas para muita gente.

VOCÊS PODEM VENCER SEUS MAIORES DESAFIOS. É SÓ ACREDITAR!

NÃO SOU UM CARA QUE VIAJOU MUITO NESTA VIDA, MAS AS POUCAS VIAGENS QUE FIZ PARA FORA DO BRASIL FORAM EXTREMAMENTE MARCANTES.

JÁ CONTEI EM VÍDEO SOBRE A MINHA VIAGEM PARA A ITÁLIA COM A ESCOLA, E VOCÊS COM CERTEZA SE LEMBRAM QUE TEVE MUITA MERDA ENVOLVIDA NELA! E FOI TAMBÉM POR MEIO DO MEU CANAL QUE VOCÊS ACOMPANHARAM UM POUCO DA MINHA VIAGEM COM ALGUNS YOUTUBERS PARA NOVA YORK.

Bem, acho que não poderia deixar esse episódio passar em branco e ficar sem abrir aqui algumas páginas deste diário para comentar um episódio sobre essa minha viagem internacional em específico. Algumas coisas vocês assistiram nos vídeos da galera, mas muita coisa ficou guardada somente em nossos corações e, agora, posso me abrir um pouquinho.

MAS ANTES PRECISO VOLTAR NO TEMPO...

Lembro até hoje quando tudo começou: eu, na casa da minha mãe, gravando no meu quartinho superapertado, os primeiros vídeos para vocês. Naquela época (2010/2011), o YouTube era muito diferente, uma plataforma que poucos poderiam dizer que se assemelha ao que vemos hoje em dia. Antigamente, o foco de quem acessava o YouTube era assistir a reprises de novela, bebês fofos, animais mais fofos ainda, clipes musicais e vídeos engraçados do tipo "cacetadas". ***HOJE VOCÊ ENXERGA UMA PLATAFORMA GIGANTESCA COM MILHÕES E MILHÕES DE CRIADORES DE CONTEÚDO AO REDOR DO MUNDO TODO! ISSO NÃO É INCRÍVEL?***

Em cinco anos, o cenário mudou grotescamente (pro lado bom, claro)! Temos pessoas criando conteúdos que antes só poderíamos assistir na TV. Encontramos desde produções simples até as que parecem filmes profissionais e, quando procuramos quem as produziu, é alguém como eu ou você que está aí do outro lado, lendo.

Eu comecei lá no início dessa febre de YouTube, quando havia somente uns três ou quatro influenciadores de sucesso no Brasil. Meu canal só teve um grande reconhecimento depois que passei de 1 milhão de seguidores, mas estou nessa de produção para o *EU FICO LOKO* há seis anos. Quando paro pra pensar o quanto já caminhei e aonde cheguei, é difícil acreditar. Seis anos é muita coisa! Em todo esse tempo, eu pude acompanhar de pertinho o que o YouTube brasileiro se tornou, e isso é uma honra que nem sei explicar.

DEPOIS DE TANTOS ANOS PRODUZINDO, A PLATAFORMA TOMOU UMA PROPORÇÃO ENORME (como muitas coisas na internet) e trouxe muita repercussão para os youtubers, que cresceram com ela. E é aqui que entra essa minha viagem para Nova York.

Para quem não sabe, com o EU FICO LOKO, fui um dos quatro canais brasileiros convidados a estar presente nas palestras e no maior encontro de youtubers do mundo todo. **DO MUNDO TODO!**

O YouTube teve uma ideia genial e resolveu reunir os maiores canais dos principais países que usam a plataforma em um grande evento em Nova York! E QUANDO EU DIGO GRANDE, É GRANDE MESMO!

Fui lá ver o que ia dar. Imagina encontrar meus ídolos do YouTube gringo? Sim, porque eu também tenho os meus ídolos na plataforma!

Mas tinha um problema: eu precisava estar em NY falando e ouvindo inglês o tempo todo, necessitando me comunicar com todas aquelas pessoas. Eu estava me sentindo totalmente honrado com o convite e ao mesmo tempo perdido por precisar enfrentar um desafio desses.

GRAÇAS A DEUS CONTEI COM A COMPANHIA DE UMA AMIGA NA VIAGEM: a Kéfera! Ela era uma das convidadas e, quando cheguei a Nova York, também encontrei o Edu, que produz conteúdo de gameplay. Então, não fiquei tão deslocado.

Assim que chegamos, tomei um café da manhã e, pra minha histeria, já estavam reunidos ali os grandes influenciadores do mundo, tomando uma xícara de café no mesmo ambiente. Pra variar, eu tava varado de fome! Até que alguém sentou do meu lado e falou:

— Hey, pass me the sugar, please...

Quando eu me virei e vi quem era, quase surtei!

Era simplesmente o PewDiePie, o cara com o maior canal do mundo no YouTube!!!

ELE PEDIU PARA EU PASSAR O AÇÚCAR PRA ELE E EU SIMPLESMENTE TRAVEI... COMO ASSIM?

É muito louco você conhecer alguém virtualmente, admirar aquela pessoa, achá-la muito foda e *DO NADA* você está com ela tomando um café, de igual para igual, e ela te pede pra passar o açúcar, simples assim.

Quando eu falo "travei", é porque *TRAVEI MESMO!* Não consegui falar direito com ele naquele instante (é claro que eu passei o açúcar!), mas ainda bem que, mais tarde, consegui me restabelecer e até tirar uma selfie com ele. O cara é show!

Mas tinha mais...

Pra completar, do outro lado da mesa, sentou nada mais, nada menos que John Green, um dos principais escritores de romances contemporâneos!

Eu admiro demais o cara. Quando olhei pra frente, ele estava trocando ideia com o Joey Graceffa, que é outro cujas tags e desafios eu sempre vejo no YouTube! Meu Deus, eu tinha visitado o céu e não sabia!

Em apenas alguns minutos de café, eu já estava caindo no chão de felicidade. Mal podia explicar meu entusiasmo para a Kéfera e o Edu.

Bem, eu não podia demonstrar essa alegria toda para os gringos, senão me achariam louco, mas por isso que temos este diário aqui, né? Ainda bem que não era Las Vegas, porque o que acontece em Vegas, tem que ficar em Vegas... Hehehehe

Enfim, essa viagem foi um dos meus maiores desafios! Praticar uma língua na qual não sou fluente, estar junto dos meus companheiros de profissão, e ainda mais pertinho dos maiores ídolos do mundo, na cidade mais populosa e visitada dos Estados Unidos... Não tem coisa melhor. Ainda bem que deu tudo certo, não paguei nenhum mico (pelo menos nada que tenha percebido) e, dias depois, estava de volta ao meu cantinho, com ótimas lembranças. Agradeço muito o YouTube por tudo o que proporcionou na minha vida, em especial essa viagem sensacional.

Apesar de ter levado a minha câmera, ela ficou guardada no bolso em várias ocasiões. Afinal, eu nem precisava gravar tudo em vídeo para me lembrar, porque dificilmente esquecerei esse momento.

9

"CHRISTIAN, EU TE AMO! CHRISTIAN, EU TE AMO! CHRISTIAN, EU TE AMO!"

ESSE FOI O CORO QUE EU OUVI QUANDO PISEI NOS BASTIDORES DE UM TEATRO PELA PRIMEIRA VEZ DEPOIS QUE ME TORNEI UM YOUTUBER. A PARTIR DISSO, ME DEI CONTA DE QUE ESTAVA PRESTES A SUBIR DOS PALCOS DA ESCOLA PARA OS PALCOS DO BRASIL, COM PESSOAS GRITANDO O MEU NOME E ME TRANSMITINDO TODO O AMOR DELAS NAS PALAVRAS.

Coloquei a cabeça entre as cortinas vermelhas para espiar o que me esperava do outro lado. O teatro estava lotado. Só consegui ficar por alguns segundos ali, porque começou uma gritaria danada assim que perceberam a minha presença.

Ah, meus lokões! Sabem aquela frase que diz que "a vida passa diante dos seus olhos"? É a mais pura verdade! Pois foi exatamente o que aconteceu naquele momento, quando me recordei da época em que essa paixão por me comunicar no teatro começou a nascer dentro de mim...

NA MINHA ESCOLA ERA OBRIGATÓRIO FAZER AULAS DE TEATRO NA 8ª SÉRIE E EM ALGUM MOMENTO DURANTE O 2º COLEGIAL. Todos os alunos da classe tinham que participar, caso contrário não ganhavam o boletim no fim do ano, ou seja, era melhor participar e fazer bem feito senão ia ter mãe e pai te rapando as férias em dezembro! **HEHEHEHE**

SEMPRE FUI BEM INTROVERTIDO, MINHA CABEÇA FUNCIONA A MIL, mas infeliz-

mente na época dos 14 ou 15 anos, eu nunca consegui externar toda a minha criatividade para a atuação, embora eu acreditasse que essa explosão viria em algum momento.

Até que veio a 8ª série e o meu maior medo junto com ela...

A PEÇA DA 8ª.

Meu receio não era incorporar um personagem, decorar falas ou esses tipos de coisa que precisamos fazer para encenar um espetáculo, mas subir num palco e ter mil pessoas me olhando!

SIM, MIL PESSOAS!

Essa peça do colégio era sempre um acontecimento. A do 1º colegial vinha em julho e, no final do ano, a da 8ª. O teatro da escola lotava de amigos, familiares e pessoas que adoravam um rolê grátis no sábado, já que não era cobrado ingresso. O valor pra montar a peça, contratar diretor, figurino etc. vinha todo de rifas que os próprios alunos faziam e vendiam aos outros alunos. Era um mercado paralelo totalmente sustentável! *HAHAHAHA!*

BEM, EM MARÇO RECEBEMOS OS ROTEIROS, E EU PERCEBI QUE O PAPEL QUE TINHAM ME DADO ERA O OPOSTO DE MIM. QUEM ESCOLHIA OS PAPÉIS ERA O DIRETOR, E CLARO, COMO TODO DIRETOR "SÁDICO" DE ESCOLA, ELE TRAÇAVA O PERFIL DE CADA ALUNO PARA DAR ALGO QUE DESAFIASSE AQUELA PESSOA.

O papel que tinha chegado às minhas mãos era o "Olivério", um rei psicopata e assassino que queria destruir seu irmão, outro rei, porém bonzinho e heroico.

Logo pensei: "Eu serei alguém malvado, **COMO VOU FAZER ISSO?!**"

Não me imaginava incorporando alguém que é o oposto de mim em cima de um palco, diante de tanta gente.

A partir daquele episódio, odiei o diretor e vivi em constante crise todos os dias em que lia as falas do personagem em casa. Eu tinha quase oito meses pra decorar as falas, o que por um lado era bastante tranquilo, mas, por outro, também tinha oito meses pra essa história me consumir por dentro, pensando que teria que enfrentar uma plateia inteira voltada pra mim em uma cena de alguém que nem era o meu perfil.

A cada mês mais perto da encenação final, a cada ensaio, a cada prova de figurino, eu ficava mais agitado e ansioso pra acabar logo! Como eu odiava mostrar meu rosto, usava cabelo comprido e encaracolado. E, então, percebi logo de cara que precisaria mudar completamente a minha aparência...

VAMOS MOSTRAR ESSA TESTONA AÍ E PUXAR ESSE CABELO PRA TRÁS.

MINHA TESTA, MEU DEUS! SE EU JÁ ODIAVA MOSTRAR TODO O RESTO, AGORA TERIA QUE MOSTRAR MINHA BELA TESTA GIGANTE?

Além de tudo, me colocaram um colar de ouro e uma roupa de época superlouca. Eu estava MEGA desconfortável! Nunca precisei "não ser o Christian", e agora estava saindo totalmente da minha zona de conforto.

Cabelo com gel pra trás, roupa que nunca usaria e interpretando um rei diabólico!

LOUCURA TOTAL!

Bem, finalmente chegou o dia da apresentação. Nervos à flor da pele... (pra vocês que não sabem o que é a expressão, coloquem aí a música "Ando tão à flor da pele" do Zeca Baleiro, uma das minhas nacionais preferidas e que descreve justamente como você fica quando está à flor da pele).

Enfim, faltando uma hora pra entrarmos no palco, o diretor fez uma rodinha com os alunos da classe, sentou entre a gente e nos deu boa sorte, ou "MERDA", como falamos no teatro.

— AGORA É COM VOCÊS, ARRASEM!!!

ISSO MESMO, ERA COM A GENTE. SÁBADO À NOITE, CASA LOTADA E, PRA COMPLETAR, MINHA FAMÍLIA INTEIRA ME ESPERANDO ENTRAR NAQUELE PALCO E FAZER O OLIVÉRIO,

O CARA QUE O CHRISTIAN NUNCA SERIA NA VIDA.

Todos a postos na coxia. E a peça começou!

MINHA CENA ERA A SEGUNDA. Quando um colega saiu do palco, foi a minha deixa. Olivério precisava surgir e contar seu plano diabólico para matar o irmão...

E não é que esse Olivério entrou lá e contou o plano tão firme, tão convicto e tão confiante que o teatro inteiro delirou com a cena?

QUEM DIRIA! O CHRISTIAN, BONZINHO E DE TESTA GRANDE, SE REVELANDO! HAHAHAHAHA!

Quando a peça terminou, pais que eu nunca havia visto na vida, familiares de pessoas que nem da minha classe eram, vieram até mim e disseram:

— Suas cenas com certeza foram as mais chocantes. Parabéns, garoto!

— Segue nesse caminho que você tem o dom!

— Quando você subiu no palco, eu pensei: esse aí é o Christian, aquele garoto tímido da classe da minha filha?!

BOM, ACHO QUE RENDI BOAS CRÍTICAS NO FINAL DA PEÇA, NÉ?

O mais curioso é que, assim que o espetáculo acabou, me senti um pouco vazio... **QUERENDO MAIS, SABEM?**

Passei oito meses desejando que tudo aquilo acabasse e, quando enfim havia terminado, queria muito que voltasse. Na verdade, quero até hoje! Naquele momento em que subi num palco pela primeira vez e dei o melhor de mim, comecei a deixar para trás a minha timidez.

GOSTEI TANTO QUE, NO ANO SEGUINTE, COMECEI UM CURSO DE TEATRO NA MESMA ESCOLA, mas parei depois de alguns meses devido à entrada no 1º colegial. Acho que foi o ano em que mais estudei na vida, meu Deus! Por que o 1º ano é tão puxado assim? Será que é a transição do ensino fundamental para o ensino médio? Enfim...

Chegou o 2º colegial e o teatro voltou com tudo na minha vida.

Estava com quase 17 anos e tinha agora que enfrentar outro personagem, dessa vez um ciclista louco da Rússia que chegava ao Brasil para uma apresentação única.

Esse personagem era completamente insano, gritava, jogava a bicicleta no chão, falava alto! Acho que me identifiquei mais com ele, no final das contas. Talvez eu tenha guardado um pouco desse ciclista louco dentro de mim! Mas também um pouco do Olivério. Acho que, depois que fazemos um personagem, ele fica dentro de nós para sempre.

ESSA EXPERIÊNCIA DO CICLISTA FOI MAIS TRANQUILA, AINDA COM TIMIDEZ, PORÉM COM UM POUCO MAIS DE DESENVOLTURA. E, depois dessa apresentação, quis mergulhar de cabeça no teatro, mas, como não conseguia frequentar todas as aulas devido à escola, acabei me dedicando muito a um projeto caseiro que comecei na mesma época, um projeto aí que resultou em nada mais nada menos do que tudo o que tenho na minha vida hoje: EU FICO LOKO!

Eu já disse que o canal nasceu dessa minha vontade de me comunicar com as pessoas, de falar para o público, de MOSTRAR A TODOS NO BRASIL QUEM É O CHRISTIAN FIGUEIREDO, NÃO É?

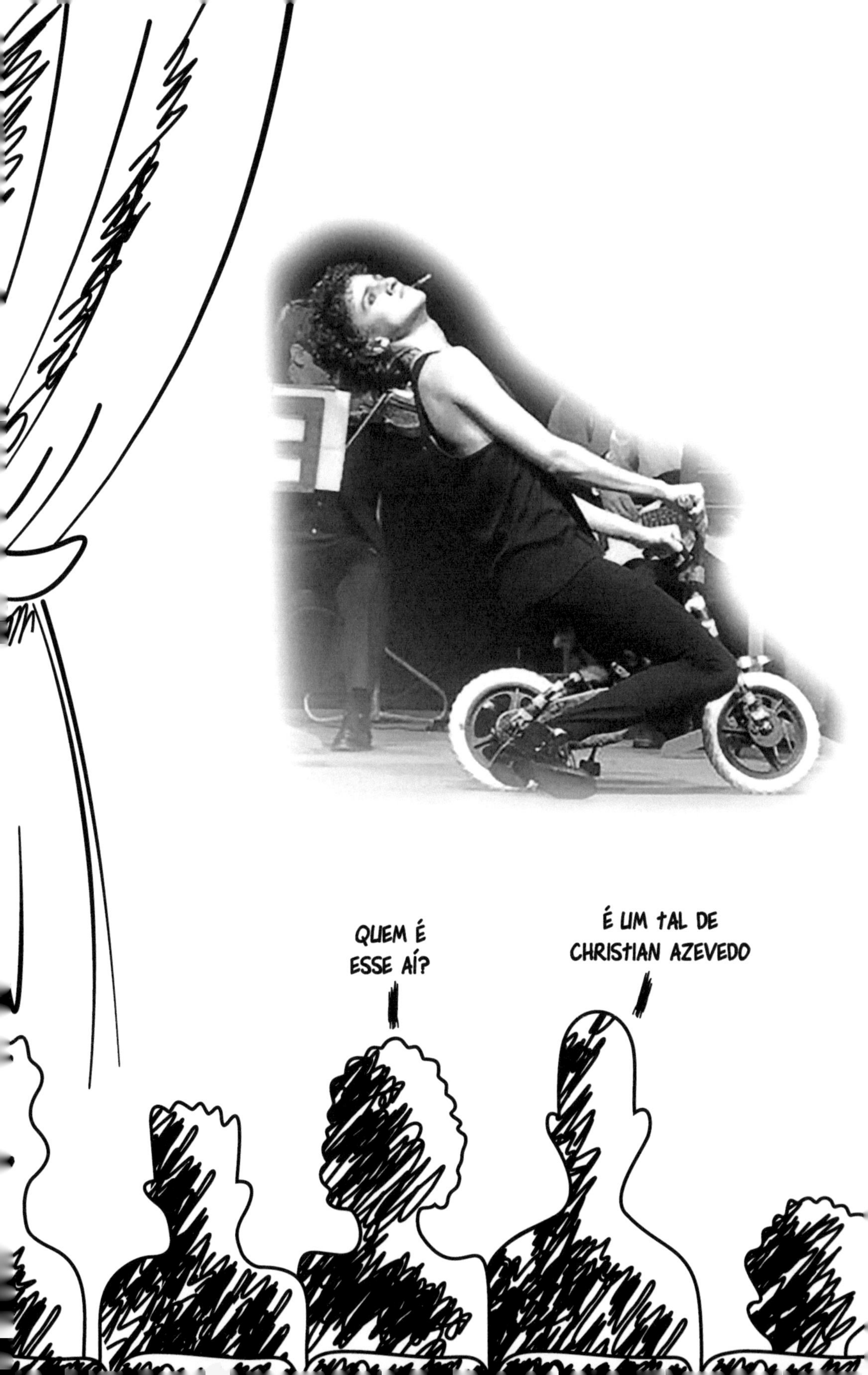
QUEM É ESSE AÍ?
É UM TAL DE CHRISTIAN AZEVEDO

É FIGUEIREDO!!!
EI, SILÊNCIO AÍ

BOM, O TEMPO PASSOU E FINALMENTE SUBI EM UM PALCO OUTRA VEZ. E, agora, com o Eu Fico Loko no Teatro! Um formato que montei baseado nas minhas histórias de adolescência e nos meus vídeos. Um formato que me fez rodar o Brasil com essa minha paixão que brotou lá na época de escola.

O medo que eu tinha antes, de mil pais, filhos e familiares me assistindo, virou paixão. A cada sessão que eu fazia nas cidades, quanto mais gente ia me ver, **MAIS EU SAÍA FELIZ**.

Acho que tudo na vida precisa do primeiro passo, tudo na vida é um treino pro futuro. O meu foi entrar num palco sendo o Olivério, passar por um ciclista maluco e depois ser apenas o Christian Figueiredo, carregando todas as merdas que fiz e atravessei para poder transformá-las em histórias que, no final das contas, renderam um ótimo espetáculo.

E que se abram as cortinas!

10

MEU PRIMEIRO LIVRO ESTÁ VIRANDO FILME. TALVEZ, QUANDO VOCÊ ESTIVER LENDO ESTAS PÁGINAS, ELE JÁ TENHA ESTREADO. O FILME BASEADO NO MEU LIVRO, QUE, NO FINAL DAS CONTAS, É O DIÁRIO MEU E DE TODOS OS ADOLESCENTES DESTE BRASIL.

QUANDO EU PERCEBI A COISA TODA ACONTECER, JÁ ESTÁVAMOS ATÉ COM UMA PRIMEIRA DATA DE LANÇAMENTO NOS CINEMAS! MAS, ANTES DE ME DERRETER COM A ESTREIA, VAMOS À HISTÓRIA QUE ME FEZ ACREDITAR QUE ESTOU VIVENDO UM DOS MAIORES SONHOS DE TODA A MINHA VIDA.

QUANDO ME FORMEI NO COLÉGIO EM 2012, COMECEI UM CURSO TÉCNICO DE CINEMA. Meu objetivo era ver se eu gostava (na prática) para depois prestar o vestibular e começar a faculdade de cinema aos 20 anos. Eu queria fazer isso porque estava mais difícil entrar na faculdade pública de cinema em São Paulo que no curso de medicina, juro! Ou seja, eu teria que me matar de estudar pra entrar e, se entrasse e não gostasse, imaginem a frustração!

Ou seja, vamos ver se eu gosto de cinema mesmo e, se gostar, bora enfiar a cara nos livros depois! (Bem, esse era o plano!)

Comecei o curso e não gostei nada de estar atrás das câmeras. Eu já tinha a pegada de vídeos pra internet, meu canal já existia, mas não tinha nem cem mil inscritos, era apenas um hobby. Mesmo assim, eu já tinha algumas dezenas de vídeos postados no YouTube e minha pegada era dinâmica. Quando entrei no curso, presenciei outra vivência e concepção do "vídeo" em si. Lembro que, pra fazer uma "tomada" com meu grupo, uma ceninha rápida para um curta valendo nota, demorávamos horas. Discutíamos a cena, decupagem, ângulos etc.

MEU DEUS! Eu com esta cabeça geminiana que não para, a pegada de internet que é mais rápida e a minha ansiedade de praxe, tudo isso resultou em uma bela fuga daquele curso.

FORAM OS DIAS MAIS ENJAULADOS DA MINHA VIDA, EU NÃO CONSEGUIA TRABALHAR EM GRUPO EM ALGO QUE EU ACHAVA QUE ERA OUTRA COISA. EU COMECEI PENSANDO QUE O CURSO ERA UMA COISA E, QUANDO VI, ERA COMPLETAMENTE DIFERENTE.

Então VAZEI!!!

DEPOIS BATEU O DESESPERO: 18 ANOS NAS COSTAS, SEIS MESES PARA ACABAR O ANO, PAI E MÃE ME PERGUNTANDO O QUE EU IA FAZER DA VIDA (JÁ QUE NÃO QUERIA MAIS O CINEMA), E EU LÁ, TOTALMENTE DESESPERADO.

Por fim, falei:

— Mãe, posso ficar me dedicando ao meu projeto de internet e no final do ano presto o vestibular?

Ela autorizou e eu comecei meus dias de produção frenética no quartinho de casa. Eu ficava dia e noite escrevendo roteiro e idealizando coisas para o YouTube. Foi minha época mais criativa de todas. Lembro que eu estava com essa vontade toda só para provar para todos os familiares e amigos que acharam um absurdo eu ter largado o curso que eu conseguiria fazer, sozinho, tudo aquilo que estavam fazendo no curso de cinema.

SEMPRE TIVE ISSO DE PROVAR PRA MIM E DEPOIS PARA OS OUTROS QUE EU SOU CAPAZ DE CHEGAR LÁ, que tudo na minha vida sempre foi com objetivos. Sempre quis provar pra mim que eu consigo chegar aonde eu quero. E, naquele momento, eu só queria fazer a coisa na internet dar certo, mas não pra sair falando pra todos "Olha só, tô bombando!", mas sim pra todo dia acordar pensando "Eu consegui, eu tracei esse objetivo para ocupar os seis meses ociosos aqui na casa da minha mãe e eu consegui!".

Não é que deu certo? Desenhei um horizonte e hoje estamos aí, né? E que horizonte bonito! Hehehe

Porém, a loucura toda foi quando me surgiu a oportunidade do livro, e um ano e meio depois me bate na porta a Universal Pictures falando:

— Christian Figueiredo, queremos transformar seu livro em filme, bora?

É óbvio que não foi assim que eles falaram, mas foi algo do tipo!

POR FIM, EU ESTAVA ASSINANDO UM CONTRATO PARA VOLTAR A ALGO QUE EU TINHA LARGADO EM 2013: O CINEMA.

Contudo, agora na frente das câmeras e atrás delas ao mesmo tempo.

Somente com as gravações do meu filme posso dizer que tive e estou tendo meu curso PRIVÊ de cinema, em que posso realmente ver de perto o que eu faria depois de formado na faculdade.

Tudo o que eu enfrentaria e poderia idealizar dentro dessa área, e me apaixonei mais ainda por esse mundo! Tive a bênção de ter tido essa oportunidade de retomar o que eu queria pra mim desde pequeno, porém agora com um projeto meu!

NÃO SEI SE, EM 2012, EU ESTAVA PREPARADO PARA O CINEMA EM SI, SE NAQUELA ÉPOCA EU QUERIA ESTAR PRODUZINDO E TENTANDO CHEGAR LÁ SOZINHO. MAS SEMPRE ACREDITEI QUE TUDO ACONTECE POR ALGUMA RAZÃO E, BEM, ACHO QUE ESTÁ AÍ A RAZÃO, NÉ?

Que bom que tive uma infância bem próxima ao cinema! Eu o trazia para minha vida.

Lembro das tardes em que ia ao cinema com minha avó. Toda semana ela me buscava para assistirmos a uma estreia. Ela era minha melhor amiga... Sinto tantas saudades daqueles programas da tarde e dela me fazendo rir o dia todo com suas loucuras.

EU SEMPRE ASSISTI A MUITOS FILMES E TENTAVA ENCAIXAR MINHA VIDA NELES. Eu me identificava com os personagens, eu queria ser como eles, eu queria namorar a mocinha dos filmes, eu queria viajar para onde os personagens viajavam, enfim, eu vivia aquilo intensamente!

NÃO É À TOA QUE EU JUNTAVA OS AMIGOS NOS FINS DE SEMANA PARA GRAVAR PEQUENOS CURTAS CASEIROS, quando eu dava um personagem pra cada amigo e fazíamos altas filmagens achando que éramos cineastas super-renomados.

Eu sempre queria ser o protagonista desses videozinhos, era algo involuntário, eu dava o papel para todos e para mim sempre era o que aparecia mais. Eu também escrevia os roteiros e os dirigia. Bem, eu também escolhia a trilha sonora, editava, postava, gravava em DVD para emprestar pra família assistir. Era o "comércio dos filminhos caseiros" de Christian Figueiredo. Montei uma indústria caseira que, na minha cabeça, era algo extremamente gigante e profissional.

RESUMINDO: EU ESCREVIA, DIRIGIA E PROTAGONIZAVA.

E, porque eu gostava daquilo e queria fazer tudo sozinho, acho que não consegui me adaptar ao curso de cinema assim que saí da escola.

AGORA, ANOS DEPOIS, ESTOU PREPARADO, MERGULHANDO DE CABEÇA E VIVENDO NESSE MUNDO NOVAMENTE. E se vocês repararem, lá no meu primeiro livro, eu já dizia que me imaginava cineasta algum dia. Se serei, ainda não sei. Mas que já coloquei meu pezinho nos estúdios de filmagem, ah, isso, sim. Por favor, torçam por mim.

Luzes, câmera, ação!

Vejo vocês nas telonas, hein?

CONCLUSÃO

ENQUANTO CONVERSÁVAMOS SOBRE ESTE PROJETO, EU ME PREOCUPEI UM POUCO COM O TEMPO QUE TINHA PARA ESCREVER (NÃO SEI SE VOCÊS TÊM A REAL IDEIA DE COMO É MEU DIA A DIA, NEM ANIMAL DE ESTIMAÇÃO EU CONSIGO TER!). SE É DIFÍCIL ESCREVER UM LIVRO, IMAGINEM TRÊS! MAS, ASSIM COMO MINHAS EXPERIÊNCIAS ANTERIORES, FIQUEI BASTANTE ANIMADO, E NÃO PENSEI EM OUTRA COISA SENÃO FAZER UM LIVRO VOLTADO PARA OS MEUS FÃS.

Quando a ideia surgiu, não a deixei mais ir embora. Eu sentia que precisava realizar isso, não apenas por ser uma questão de agradecimento, mas porque essa terceira fase da minha vida, mais adulta, está intimamente ligada a vocês.

São vocês que me impulsionam a continuar em frente. Vocês que me ajudam a descobrir e trilhar novos caminhos, que me mostram novas direções. Vocês que me transmitem energia para levantar a bola o mais alto que eu consigo. Vocês que enchem meus eventos e fazem meus olhos encherem de lágrimas também.

DEVEM TER REPARADO QUE ESCREVI MUITO AQUI SOBRE MEUS RECEIOS, MINHAS INSEGURANÇAS, MEUS MEDOS, MEUS DILEMAS, E NÃO PODERIA SER DIFERENTE. É O VELHO CHRIS DE VOLTA, NÃO? Embora eu tenha carregado alguns anos nas costas desde que escrevia meus livrinhos nos cadernos que minha mãe me dava, a alma continua a mesma daquele garoto que sonhava fazer muitas coisas e pular as barreiras que fossem necessárias para isso. Mas eu também falei aqui sobre as minhas conquistas e sobre coisas engraçadas que ocorrem nos bastidores dos meus eventos. Porque a vida é muito louca, não é mesmo? Um carrossel de sensações, uma montanha-russa de acontecimentos, uma roda-gigante que nunca para. Ou seja, um verdadeiro parque de diversões em que você paga o ingresso todos os dias. **E CONTINUAREI PAGANDO!**

Eu sei que virão muitos desafios como os que já pintaram até agora, ou até mesmo mais complexos dos que já experimentei. Cinema, teatro, viagens internacionais, tardes de autógrafos, televisão... são coisas naturais que acontecem comigo e com outros influenciadores digitais. Mas, se você tem alguma preocupação em relação ao meu canal... eu não pretendo deixá-lo de lado, longe disso! Nasci no YouTube e vou continuar "crescendo" nele. Lá eu fiz muitos amigos, desabafei, brinquei, chorei, ou seja, foi a plataforma que me proporcionou tudo o que conquistei na vida, e minha gratidão será eterna.

QUAIS SÃO OS MEUS LIMITES? NÃO TENHO COMO DIZER. MAS ISSO NÃO ME PREOCUPA. Eu nunca trabalhei com limites, pois eles me dão a impressão de que não há mais nada para se conquistar depois, e não será agora que pensarei nisso. Enquanto existirem plataformas como o YouTube e as redes sociais, eu estarei navegando por aí. Simplesmente porque é o caminho mais curto entre mim e vocês, aquela história da reta que liga dois pontos. Eu descobri onde ela fica e continuarei seguindo essa reta, porque sempre encontrarei vocês do outro lado.

É bem verdade que nunca me imaginei tão multitarefa como eu vivo a minha vida hoje em dia. A responsabilidade é grande, mas que bom que ela chegou nesta fase em que me encontro, mais maduro. E quer que eu seja ainda mais sincero? A responsabilidade, essa danada, sempre me acompanhou. Comecei muito cedo minha carreira e, como a maioria das crianças que "estouram" algum dia, muita pressão chega junto. Com a ajuda da minha família, eu soube lidar. Por isso, se acontecer o mesmo com vocês, contem com seus familiares e amigos. Tem sempre aquela pessoa que te apoia mais, que te acompanha, que não deixa seus sonhos morrerem. Esse pode ser chamado de verdadeiro "anjo da guarda".

Eu tive vários. Fui um cara de sorte!

E TEM OS FÃS, É CLARO. O que seria de um influenciador sem eles? Não há condições de responder a todos, mas, como eu vivo conectado, muita coisa que vocês me escrevem eu leio e absorvo para minhas tarefas futuras.

Meu desejo é cada vez mais contar com o carinho de vocês! Por favor, nunca parem! Como já disse aqui, é difícil viajar para todos os lugares, a vida é muito corrida e nem sempre os eventos acontecem onde todos nós queremos, eu e vocês. Mas a gente sempre dá um jeitinho, não é? Quando estiverem com muita saudade do velho Chris, entrem no meu canal, peguem e abracem aquela foto recortada, ou apenas imaginem o meu rosto na hora de dormir. Eu estarei conectado com vocês. Para hoje e para sempre.

Sabe por quê?

EU SOU FÃ DE VOCÊS!!!

Vamos dividir um pouco mais da sua criatividade comigo?

Este é o espaço que eu incentivo você a escrever. Assim como nos dois primeiros livros, tá na hora de você pegar a caneta e rabiscar o que vier na sua cabeça. E para seguir a linha deste livro, desafio a fazer diferente: que tal escrever um momento ficcional comigo?

Quando gravo um programa de televisão, apresento uma peça ou passo horas ensaiando para o meu filme, normalmente preciso seguir um script, que é uma reunião de instruções feitas por outra pessoa, um roteirista. São cenas construídas para emocionar, do jeitinho que eu gosto de passar com os meus lokões e lokonas.

Então, nada mais justo que você imagine uma cena comigo e escreva nas próximas páginas. Vale qualquer coisa, desde que estejamos juntos. Pode até mesmo colocar um diálogo. Quem sabe um dia essa cena vem parar em minhas mãos? Já pensou? Afinal, tudo é possível.

Agora eu fico por aqui. Até nosso próximo encontro! Um grande beijo do lokão no seu coração!

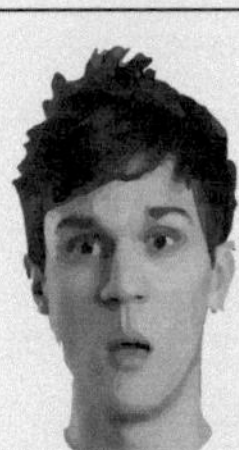